U0127978

贛文化通典

—— 書畫卷　下冊

目錄

上篇　江西書法

第一章|東晉至唐五代的江西書法

第二章|宋代江西書法

下篇　江西繪畫

江西境內石刻選介

江西境內的盧山、麻姑山、通天崖、梅關古道等地保留了不少古代名人書法石刻，其中盧山堪稱書法石刻寶庫，唐代顏真卿在南城書丹刻石的《麻姑仙壇記》是中國書法史上的瑰寶。江西境內留存的古代名人題寫的匾額也很豐富，有待於收集。

第一節 ▶ 盧山石刻

盧山是自然美與藝術美融為一體的世界級名山，盧山的藝術美表現在歷代風格多樣的建築、豐富多彩的詩文、意境優美的繪畫和氣韻生動的書法等各個方面，而分佈在千岩萬壑中的數以千計的歷代石刻，無疑是盧山藝術美的重要組成部分，它以書法的形式，把詩詞散文和精美的詞語鐫刻在險峻奇峭的岩石上或平整光滑的碑版上，表現了歷代名人對盧山的感悟、讚美，揭示了盧山的個性、靈魂，對盧山的自然美起到了點綴和提升的作用。廣泛搜集、整理、詮釋盧山歷代石刻，不僅是對盧山文物的保護，而且是對盧山藝術美的發掘，這項工作的開展可以幫助海內外人士瞭解盧山深厚的文化底蘊，有助於提高盧山旅遊的文化品位，

其意義重大而深遠。

　　早在一九八五年，星子縣政協《文史資料》第一集就刊印了徐新傑先生選注的《廬山金石考》，該書選擇了近二百則石刻，並詳加注釋，雖是內部資料，卻有開創之功。

　　二〇一〇年，江西美術出版社出版發行了兩部有關廬山書法方面的精美圖書：一部是由陶勇清主編、胡迎建撰文的《廬山歷代石刻》；另一部是由陳傳席、陶勇清主編，葉青、文師華撰文的《歷代廬山書畫賞析》。這兩部書的責任編輯都是黃潤祥先生，他是廬山人，對廬山文化既情有獨鍾，又非常熟悉。《廬山歷代石刻》選錄石刻圖片近三百幅，隨圖附有釋文，並對石刻的作者進行了介紹，對石刻的內容、書法特點進行了簡潔而恰當的分析。《歷代廬山書畫賞析》不僅選錄了廬山風景區中歷代石刻的代表作品，廣泛收集了歷代書家創作的與廬山有關的書法墨蹟、歷代畫家創作的描繪廬山的繪畫作品，責任編輯黃潤祥先生為收集廬山書法墨蹟和繪畫作品傾注了大量的心血。

　　《廬山歷代石刻》《歷代廬山書畫賞析》兩部書內容上各有側重，但在編撰體例和印製藝術上都很講究，兩部書都圖文並茂，深入淺出，可為廣大遊客閱讀欣賞書法石刻、書法墨蹟和繪畫作品提供極大的幫助，為書法愛好者、繪畫愛好者學習和研究廬山書畫藝術提供最佳的途徑。與一九八五年徐新傑先生選注的《廬山金石考》相比，這兩部書收錄石刻圖片、墨蹟圖片和繪畫圖片的規模是空前巨大的，從圖片的清晰度、圖片內容和書法、繪畫特徵的解讀等方面看，無疑是後來居上。

　　承蒙江西美術出版社責任編輯黃潤祥先生的信任，筆者文師

華不僅撰寫了《歷代廬山書畫賞析》一書中書法部分的評析文章，而且承擔了審讀《廬山歷代石刻》的任務。

單從石刻書法的角度看，《廬山歷代石刻》《歷代廬山書畫賞析》兩部書的藝術價值至少有三：其一，收錄的書法傢俱有廣泛性和代表性，不僅有古代的帝王將相、地方官員和近現代的政治人物，還有文人學士、隱逸高人；不僅有中國本土的書法家，還有韓國的歷史名人。其中最具有代表性的書法巨匠有李邕、顏真卿、蘇軾、黃庭堅、米芾、趙孟頫、董其昌、王鐸等。其二，收錄的作品有真、草、隸、篆，風格多樣，體現了精品意識。如無名氏題「歸宗」、真淨文題「金輪峰」、黃庭堅題「石鏡溪」、米芾題「第一山」、朱熹題「榖簾泉」、張孝祥題「玉淵」、朱端章題「廬山」、李亦題「龍」、剌不花題「虎」、喬宇題「瀑布泉」、陳端甫題「石屋」、鄭廷鵠題「霞榖」、半偈道人題「歸宗寺」、孟遵時題「天奇」、陶孔肩題「釣灘石」、明蠡道人題「龍門」、康熙題「秀峰寺」、戴第元題「冰笏」、康有為題「黃龍寺」、韓國李寧齋題「笑啼岩」，等等，均是書法功底深厚、個性鮮明的題識，這類石刻作品不勝枚舉。字數多、篇幅長的優秀石刻作品有趙孟頫行書《白居易廬山草堂記》、董其昌草書《鵲詞》、袁汝萃草書《白鹿洞高美亭詩》、馮玉祥隸書《墨子語》，等等。其三，有些石刻作品文辭優美，令人賞心悅目。如張寰《青玉峽題識》：「噴雪奔雷，濯纓洗耳。」彭玉麟《龍潭題識》「漱雪流雲」，許兆麟《龍潭題識》「天河垂象」，馬鴻炳《仙人洞題識》「縱覽雲飛」，等等，概括了清流急湍、雲蒸霞蔚的氣象，讀之令人心曠神怡。石刻上那些完整的詩文作品具體描繪了

廬山奇特美妙的景物，抒發了高雅脫俗的情懷，意境空靈，墨韻清香，讓人玩味不盡。如塗相《白鹿洞詩》、紫霞真人《游白鹿洞歌》、何遷《臥龍潭詩》、雍正書《周敦頤愛蓮說》、林秉周《題秀峰詩》，等等。

總之，《廬山歷代石刻》《歷代廬山書畫賞析》是兩部資料豐富，富有學術含量和藝術魅力的精美圖書，一冊在手，可以神遊廬山，俯仰古今。

現將歷代廬山石刻書法中的部分代表作品介紹如下：

1. 李邕《東林寺碑》（圖 1-137）

李邕（678-747），字泰和，揚州江都（今屬江蘇）人。著名學者李善之子。官至汲郡、北海太守，世稱「李北海」。後為奸相李林甫所忌，被誹謗誣陷致死。李邕書法從「二王」入手，但又脫盡王羲之的行跡，筆力更新，下手挺聳。王書以秀逸取勝，李書則以豪健著名，故董其昌《畫禪室隨筆》評曰：「右軍如龍，北海如象。」唐太宗首創以行書入碑，李邕則大力行之，以行書藝術飲譽後代，人稱「書中仙手」。其代表作當推《李思訓碑》《麓山寺碑》。

《東林寺碑》並序，系李邕撰文並親手所書，全文一〇三七個字，刻於唐代開元十九年（731），時間比柳公權所書碑刻還早，可惜原碑毀於火災。現存此碑立在大雄寶殿之後，是元代至元三年（1337）重新摹刻的，至今有六七〇多年的歷史。此碑用筆沉著而又流動，筆力遒勁舒放，直多於曲；結體內緊外拓，字形欹側而又聳挺，左低右高，似斜反正，給人以險峭爽朗的感覺。李北海有一論書名言：「似我者俗，學我者死。」他以自己

▲ 圖 1-137　李邕《東林寺碑》

的藝術實踐證明，繼承是為了創新，創新才是藝術的終極目的。

2. 柳公權殘碑（圖 1-138）

　　柳公權（778-865），字誠懸，京兆華原（今陝西銅師耀州區）人。唐憲宗元和三年（808）登進士科，又登博學鴻詞科。穆宗知其善書，召為右拾遺，充翰林侍書學士。敬宗朝，擔任宮廷內專職書家。文宗朝，歷任中書舍人、諫議大夫、工部侍郎、

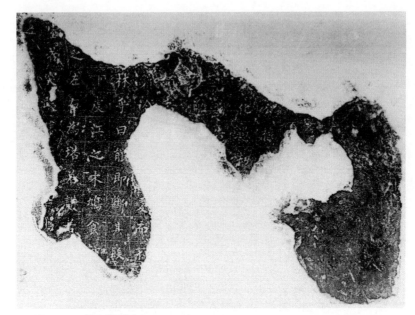

▲ 圖1-138　柳公權殘碑

右散騎常侍。武宗朝，官至太子少師，世稱柳少師。懿宗咸通六年（865）卒於家，享年八十八歲。贈太子太師。柳公權繼顏真卿之後，再變楷法，避開了顏楷肥壯的豎畫，把橫畫豎畫寫得大體均勻而瘦硬；他又吸取了北碑中方筆字斬釘截鐵、棱角分明的長處，點、撇、捺寫得像刀切一樣爽利森挺；寫出了以瘦硬露骨見長的「柳體」，成為唐代楷法集大成者。

　　唐會昌初年，武宗皇帝下詔廢佛，東林寺也遭劫難，成為一片廢墟。宣宗李忱繼位，於會昌六年（846）頒佈復佛令。高僧正言法師受江州刺史崔黯委託主持重建東林寺，歷時十一年，於大中十一年（857）建成。崔黯親撰《復東林寺碑》文，大書法家柳公權時年八十歲，欣然為之書寫，正言法師製成碑版立於寺

中。崔文辭采飛揚，柳書遒勁有力，辭書合璧，遂成東林一絕。至清初碑已裂為多塊，康熙年間被收入皇宮，僅留一小塊存於寺中，故稱「柳公權殘碑」，現收在東林寺藏經樓中，成為鎮寺之寶。與《玄秘塔》《神策軍》兩碑相比，此碑雖然也有挺拔的骨力，但鋒芒已由外射轉入內藏，結構較為平正。隨著歲月的推移，斬釘截鐵、峭拔外露的鋒芒也相應減少。字距、行距較大，給人以疏朗、空闊、從容之感。

3. 黃庭堅書《七佛偈》（圖 1-139）

黃庭堅（1045-1105），字魯直，號山谷道人，晚號涪翁，洪州分寧（今江西修水）人。英宗治平四年（1067）進士。歷任太

▲ 圖 1-139　黃庭堅《七佛偈》

和縣令，秘書省校書郎，《神宗實錄》檢討官。他與晁補之、秦觀、張耒俱遊學蘇軾門下，時人稱為「蘇門四學士」。紹聖元年（1094），新黨得勢，他被貶為涪州別駕。徽宗即位，他和蘇軾一樣得到赦免。不久被貶往宜州，最後死在宜州貶所。黃庭堅是「江西詩派」的宗師，與蘇軾齊名，並稱「蘇黃」。黃庭堅書法在行書和草書創作方面均取得了巨大成就，與蘇軾、米芾、蔡襄並稱「宋四家」。

這塊行楷書《七佛偈》碑是元祐六年（1091）黃庭堅遊廬山開先寺時，應寺僧之請而書的，刻於秀峰寺讀書台下的石壁上，是廬山極罕見的宋代石刻之一。其內容是表現禪宗有生於無、身心皆幻、無生無滅、罪福相等、法本無法、萬事皆空的觀念。原文如下：「身從無相中受生，猶如幻出諸形象。幻人心識本來無，罪福皆空無所住。起諸善法本是幻，造諸惡業亦是幻。身如聚沫心如風，幻出無根無實性。假借四大以為身，心本無生因境有。前境若無心亦無，罪福如幻起亦滅。見身無實是佛身，了心如幻是佛心。了得身心本性空，斯人與佛何殊別。佛不見身知是佛，若實有知別無佛。智者能知罪性空，坦然不怖於生死。一切眾生性清靜，從本無生無可滅。即此身心是幻生，幻化之中無罪福。法本法無法無法，法亦法今付無法。時法法，何曾法。（鑒瑛禪師請予書此七佛偈，刻之於石壁……坡仙之遺意。元祐六年十二月大寒黃庭堅書。）」從書法藝術的角度看，多數短畫細勁而略帶弧度，少量的橫畫斜側而長，豎畫大都挺勁放縱，撇捺盡力伸展；字體行楷結合，結構中宮收緊，長筆四展，呈輻射狀；章法上行距整齊，字距或鬆或緊，給人以自然疏朗、從容閒雅的

美感，與《松風閣》《經伏波神祠》縱橫恣肆的風格有所不同。

4.米芾書「第一山」（圖1-140）

米芾（1051-1107），初名黻，四十一歲後改名為芾。字元章，號襄陽漫士、海嶽外史等。祖居太原（今屬山西），遷襄陽（今屬湖北），後定居潤州（今江蘇鎮江）。官至太常博士，知無為軍。崇寧元年（1102），徽宗詔立書畫院，召米芾為書畫學博士，官禮部員外郎。人稱米南宮、米襄陽。家藏古帖由晉以來甚富，自名其居為寶晉齋。米芾書畫俱絕，山水人物自成一家，世稱「米家雲山」。米芾書法上大體經過了「臨仿—集古字—刷字」這樣一個過程。他的行草書，用筆淋漓暢達，結體欹側多變，具有快刀利劍的氣勢，與蘇軾、黃庭堅、蔡襄並稱「宋四家」。

「第一山」三字，刻在秀峰龍潭附近。「第」字筆勢迅疾而勁健，字形高聳，

▲ 圖1-140　米芾書「第一山」

占二分之一的位置；「一」字圓起圓收，筋肉豐厚，且帶有枯筆，似萬歲枯藤；「山」字接近楷書，筆勢頓挫，略向右斜側。三個字組合在一起的整體效果是：筆劃飽滿厚重，佈局上疏下密，氣魄宏大，趣味盎然。米芾有《遊龍潭》詩云：「度峽捫青玉，臨深坐綠苔。水從雙劍下，山挾兩龍來。春暖花驚雪，林空石迸雷。塵纓聊此濯，卻去首重回。」「第一山」三字是米芾對盧山奇景的禮贊。

5. 朱熹《簡寂觀》（圖1-141）

朱熹（1130-1200），字元晦，晚號晦翁，又號晦庵、紫陽。徽州婺源（今屬江西）人。南宋紹興十八年（1148）進士。官泉州同安縣主簿，知南康軍（治在江西星子縣），重建白鹿洞書院。歷仕高、孝、光、寧四朝，累官寶文閣待制。秉性剛直，畢生主要從事講學和著述，門生眾多。治學力倡「窮理以致其知，反躬以踐其實」，強調「居敬窮理」的修養功夫，集宋代理學之大成。卒諡文，封信國公，改徽國，從祀孔廟，世稱「朱子」。著

▲ 圖1-141　朱熹《簡寂觀》

472

有《易本義》《詩集傳》《大學中庸章句》《論語集注》《孟子集注》等。《宋史》卷四百二十九有傳。

朱熹工於翰墨，擅長行草，尤善大字，下筆沉著典雅。明王世貞《震澤集》云：「晦翁書筆勢迅疾，曾無意於求工，而尋其點畫波磔，無一不合書家矩矱。」董其昌《書法闡宗》云：「晦翁書近鍾太傅法，亦復有分隸意。」《簡寂觀》詩是孝宗淳熙六年（1179）朱熹到南康軍任職後巡視簡寂觀時題刻的，詩刻在觀前澗邊山石上。內容如下：「高士昔遺世，築室蒼崖陰。朝真石壇峻，煉藥古井深。結交五柳翁，屢賞無弦琴。相攜白蓮社，一笑傾夙心。歲晚更市朝，故山鎖雲岑。柴車竟不返，鸞鶴空遺音。我來千載餘，舊事不可尋。四顧但絕壁，苦竹寒蕭。」（依據石刻拓片）簡寂觀是古代隱士修行煉丹的地方，作者到此，聯想到陶淵明、慧遠等隱逸高人遠離塵俗的閒適生活，抒發了思古之幽情，詩風樸素深沉。從書法角度看，筆劃生辣瘦硬，結體或正或斜，佈局縱不成行，橫不成列，似隨意寫成，不拘法度，但技法老練，格調樸拙高古，顯示出深厚的學養和沉穩的性格。

6. 張孝祥書「玉淵」（圖 1-142）

張孝祥（1132-1169），字安國，號於湖，蜀簡州（今四川簡陽縣）人，後卜居曆陽烏江（今安徽省和縣）。南宋著名詞人，書法家。紹興二十四年（1154）考取進士第一名，授中書舍人，直學士院。領建康（今江蘇省南京市）留守時，極力贊助張浚北伐，被主和派彈劾落職。後又起用，歷任地方官。他的詩詞追蹤蘇軾，氣概凌雲，以雄麗著稱。有《于湖居士文集》傳世。《全宋詞》輯錄其二二三首詞。

▲ 圖1-142　張孝祥書「玉淵」

▲ 圖1-143　朱端章書「廬山」

張孝祥書法取法於顏真卿，擅長楷體，筆劃清勁，如枯松折竹，傲雪凌霜，超然自放於筆墨之外。「玉淵」兩個大字，刻於玉淵潭的石壁上。筆勢挺勁，骨力凝重，「玉」字端正穩健，「淵」字向右傾斜，似乎是有意表現清流激湍奔瀉於山間的跳蕩感，有耐人尋味處。張孝祥還寫下了《遊玉淵》：「靈源直上與天通，借路來從五老峰。試向欄杆敲拄杖，為君喚起玉淵龍。」

7. 朱端章書「廬山」（圖1-143）

朱端章，南宋人，生卒年不詳。宋孝宗淳熙十年（癸卯）（1183）知南康軍（治在今江西星子縣），置白鹿洞學田七百餘畝，以救濟各地來此求學者。

「廬山」二字摩崖石刻，字長六尺餘，刻於秀峰龍潭右壁

上。「山」字每豎可睡一人。兩側有「淳熙甲辰歲長至日，南康守朱端章立石」等小字，可知刻於知南康軍的第二年（1184）。從書法角度看，「盧山」二字取法於顏真卿、蘇軾，筆劃圓實渾厚，結構莊嚴巍峨。「盧」字最上的一橫粗而長，對下面的筆劃起到覆蓋的作用，最後一橫向上彎曲成拱形，把中間的筆劃向上托起，形成氣力內聚，巍然挺立的結構；「山」字中間一豎如主峰聳立，左右兩豎高低不一，分別向左右略呈開張而又相互呼應，筆力厚重，穩健如山。把「盧山」二字合起來看，「盧」字左高右低，略顯欹側，「山」字平正穩健，對「盧」字起到支撐的作用，形成靜中藏動的氣韻。

8. 李亦書「龍」（圖 1-144）

李亦，宋代人，生卒年不詳，曾任南康（治在今江西星子

▲ 圖 1-144　李亦書「龍」

縣）太守。

「龍」字是摩崖石刻，字長約五尺，刻在龍潭瀑布左側石壁上。左下刻有「南康太守李亦書」等小字。在寬大的岩石上，用大篆鐫刻「龍」字，整個字以曲線為主，直線為輔，筆劃逆起回收，大氣包舉；左右兩部分動靜結合，若即若離，特別是右邊似蛟龍欲騰，象形的特徵很明顯，宛如一幅「龍騰圖」。

9. 剌不花書「虎」（圖 1-145）

剌不花，可能是劉哈剌不花，生卒年不詳。《元史》卷一八八記載：其先江西人。倜儻好義，不事家產，有古俠士之風。居燕趙有年，遂為探馬赤軍戶。元順帝至正十二年（1352）之後，因參與謀劃平定潁州、亳州、山東等地的農民暴動，功績顯赫，官至同知樞密院事，後遷任河南行省平章政事，卒於任所。

「虎」字屬於不規範的篆字，字長三尺有餘，刻在秀峰龍潭右石壁上。兩側有「大元至大四年歲次辛亥，上柱國開府儀同三司丞相別不花書」等小字。至大四年為西元一三一一年。上柱國，武官勳

▲ 圖 1-145　剌不花書「虎」

級中的最高級，在元代為一品官。《星子縣誌》作「丞相刺不花書」。從書法角度看，「虎」字形體修長，呈豎式長方形，筆劃由直線、曲線、折線三種線條組合而成，收筆處呈橫切或斜切狀。折線、橫切或斜切狀的收筆，均屬於隸書寫法，可見「虎」字在寫法上巧妙地把隸書的筆法融入篆書之中，近似漢印的佈局，富有裝飾性。

10. 趙孟頫書《廬山草堂記》（局部）（圖146）

趙孟頫（1254-1322），字子昂，號松雪道人，湖州（今浙江吳興）人。趙孟頫系宋太祖第四子秦王趙德芳的後裔，即太祖十一世孫。宋亡後，他隱姓埋名，蟄居故里，寄情翰墨文章。一二八六年，趙孟帶著一種極其矛盾複雜的心情出仕元朝，官拜翰林學士承旨，故人稱趙承旨。卒後諡號文敏，故後世又稱他為趙文敏。

趙孟在繼承前人書法遺產的基礎上，博採眾長，推陳出新，創立了獨具特色的「趙體」。其風格特點是：筆劃含蓄精妙，結體平正秀麗，風格「溫潤閒雅」「秀妍飄逸」。這種書風來自他刻苦研習鍾王、智永、李邕等人的書法，來自他篤信佛教，審美觀趣向折中平和、清虛淡雅，來自他寄人籬下的特殊境遇，以閒雅飄逸的超然之態獲得精神解脫。

▲ 圖1-146 趙孟頫
《廬山草堂記》（局部）

此幅行書碑刻作品內容為白居易《廬山草堂記》。從落款看，當書於元仁宗延祐三年（1316）七月（時趙 63 歲）之後，當時趙孟頫官拜翰林學士承旨、榮祿大夫、知制誥兼修國史，用一品例，推恩三代。《廬山草堂記》寫於唐憲宗元和十二年（817），文中描繪了草堂簡樸的設置和四周秀麗玲瓏的景物，表現了白居易喜愛山光水色的個性，反映了他厭倦政治鬥爭、追求恬淡安逸的心境。全文敘事、議論、抒情相結合，語言樸實流暢，讀來別有一番風味。

此碑屬行楷字體，運筆從容不迫，嚴謹有法。筆劃以勁健、圓潤、流暢為主，豐腴、頓挫、緩慢為輔，婀娜中含剛勁，起筆收筆，皆有筋骨；結體方中帶扁，略取橫勢，重心安穩，撇捺舒展，筆劃之間多以附鉤呼應；全篇字字獨立，字與字之間主要靠附鉤相互呼應，形成舒緩的縱向流動感，佈局疏朗有致，風格典雅秀美。

11. 王守仁書《紀功碑》（圖 1-147）

王守仁（1472-1528），字伯安，浙江餘姚人。因被貶貴州時曾居住於陽明洞，世稱陽明先生。弘治十二年（1499）進士，授刑部主事，後改兵部主事。正德元年（1506），一度被權宦劉瑾排擠，貶謫貴州。正德五年，升江西吉安府廬陵縣知縣。正德十一年巡撫南贛，平定漳州地區農民起義。正德十四年平定寧王朱宸濠叛亂。正德十六年初始於南昌揭示「致良知」學說，完成「心學」體系，六月升南京部尚書，加封為特進光祿大夫、柱國、新建伯。卒後，諡文成，著有《王文成公全書》行世。《明史》卷一百九十五有傳。

▲ 圖 1-147　王守仁《紀功碑》

　　王守仁書法出自《懷人集王羲之書聖教序》，但富有新意，筆劃遒勁豪邁，氣韻超逸塵表，帶有幾分仙風道骨。這塊《紀功碑》刻於明武宗正德十五年（1520），在秀峰寺讀書台下石壁上，記錄了王守仁正德十四年巡撫南贛，平定寧王朱宸濠之亂、維護國家統一的不朽功績。此碑書法楷中帶行，點畫、橫畫清秀精到，勾畫挺勁有力，捺筆優美舒展；結體端莊，字距、行距均較疏朗，氣脈連貫，平淡中蘊藏著靈動之氣。

12. 紫霞真人書《游白鹿洞歌》（圖 1-148）

紫霞真人：真名、事蹟均不可考。

　　關於《游白鹿洞歌》一詩的作者，有不同說法：其一，一九

三三年吳宗慈著《廬山志》定為明代地理學家羅洪先；其二，日本《陽明學報》第一五八號所載蓬景軒編《姚江雜纂》定為明代哲學家王陽明。此詩現已收入《王陽明全集》卷三十二（上海古籍出版社 1992 年版），可見第二說更為可信。羅時敘《疑案：紫霞真人抄襲了王陽明的詩》一文考證：王陽明在辛巳（正德十六年，西元 1521 年）三月到過白鹿洞，作《游白鹿洞歌》；正德十六年之後，明武宗下令禁止王陽明學說，所以此詩一直未能收入《白鹿洞書院新志》，自然也沒有刻碑樹立於白鹿洞。直到清順治十四年（1657）增修《白鹿書院志》，首次載有《白鹿洞歌》，落款不是王陽明，而是「紫霞道人」。康熙五十九年（1720），毛德琦重修《白鹿書院志》，載有《游白鹿洞歌》，落款是「辛巳三月，紫霞真人宿此洞，編蒲為書」。「紫霞道人」「紫

▲ 圖 1-148　紫霞真人《游白鹿洞歌》

霞真人」可能是明萬曆年間虛構的人物。白鹿洞碑廊中現存的《游白鹿洞歌》，刻於清代咸豐十年（1860），可能是根據以前的舊拓本摹刻的。此詩描繪了白鹿洞、五老峰一帶奇峰聳立、雲霧縹緲、古松茂密、清流湍急的幽靜景色，表現了追求閒靜、修仙學道的念頭。此碑書法源自黃庭堅的行書，筆劃勁挺放縱，撇、捺盡力伸展；結構內緊外鬆，多數字呈長形且略帶斜側；章法上字距較密，行距較寬，長撇、長捺把行與行之間的空白分割成許多不同形狀的塊面，形成上下連貫、左右映帶的佈局特點，給人以縱情揮灑、開闊豪放的美感。

13. 董其昌書《鶡詞》（圖 1-149）

董其昌（1555-1636），字玄宰，號思白、香光居士。華亭（今上海松江）人。神宗萬曆十七年（1589）進士。初為翰林院庶起士、編修、皇子講官，後督湖廣學政。光宗即位，召為太常少卿，掌國子司業。熹宗天啟五年（1625），拜南京禮部尚書。卒後贈太子太傅，諡文敏。董其昌書法，用筆率易自然，於流暢中兼具生澀之趣；墨色變化豐富，有意識地強調運筆中的墨色，往往一筆下來即呈濃淡數層變化；結體秀媚，時作敧側之態；佈局巧妙，善於誇張地運用楊凝式那種疏宕的布白方法，把行距、字距安排得更為適度，形成一種疏宕秀逸的風格。

這塊《鶡詞》殘碑原在歸宗寺壁上，現存於星子縣文物站。鶡又稱夏雞、催明鳥。《鶡詞》是宋代歐陽修仿效唐代王建的宮詞《鶡詞》而寫的詩歌，描寫了鶡凌晨鳴叫、催人早起的情景，表現了作者珍惜時光、勤政為民的人生態度。全詩內容如下：「龍樓鳳閣鬱崢嶸，深宮不聞更漏聲。紅紗蠟燭愁夜短，綠窗鶡

▲ 圖1-149　董其昌草《鵓詞》

鵓催天明。一聲兩聲人漸起，金井轆轤聞汲水。三聲四聲促嚴
妝，紅靴玉帶奉君王。萬年枝軟風露濕，上下枝間聲轉急。南衙
促仗三衛列，九門放鑰千官入。重城禁籥鎖池台，此鳥飛從何處

來。君不見潁河東岸村陂闊，山禽野鳥常嘲哳。田家惟聽夏雞聲，夜夜壟頭耕曉月。可憐此樂獨吾知，眷戀君恩今白髮。」此碑用草書寫成，風格承接懷素《自敘帖》餘緒。結體靈活多變，因勢成形；線條若龍蛇奔走，有時細若遊絲，縈繞飛動；行距寬綽疏朗，妙趣橫生，表現出瀟灑飄逸之美。

14. 王鐸書《望廬山瀑布》（圖1-150）

王鐸（1592-1652），字覺斯，河南孟津人。明天啟二年（1622）進士，入翰林，授編修，歷任少詹事、經筵講官等職。清兵入關後，王鐸到南方任福王弘光朝東閣大學士。

清順治二年（1645）五月，清兵攻入江寧，王鐸與禮部尚書錢謙益同出投降，選擇與趙孟頫同樣的道路。順治三年，仕清，任《明史》副總裁，官至禮部尚書。順治九年以病歸里，卒，諡文安。王鐸是明末清初一位有代表性的書法家，楷書師法鍾繇、顏真卿，既端莊平穩，又靈巧俊秀；行草書學王羲之、王獻之，又吸取米芾之長，以圓轉的篆書筆意來寫轉折，顯得沉

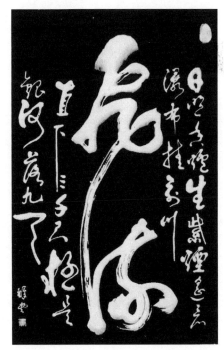

▲ 圖1-150 王鐸書《望廬山瀑布》

著含蓄，又時用折鋒，增添剛健之勢。

　　王鐸的行草書字形奇險，或東倒西歪，或頭重腳輕，章法大小錯落，疏密相間，不平衡的字通過字與字之間和諧的安排求得平衡，縱而能斂，險中見正，形成跌宕起伏、蒼鬱雄暢的風格。此碑的內容是李白的《望廬山瀑布》，整幅字用行草體寫成，「飛流」二字居中，字形很大，兩字之間的牽絲較粗，且帶出飛白，像瀑布飛奔而下，「流」字右邊環轉的筆劃似瀑布落下後形成的漩渦。左右兩旁的小字也力求表現詩中的意趣和韻律，如「川」「下」字最後一筆拉得較長，「天」字寫成彎曲的形狀，都似乎有意表現瀑布高懸、溪流曲折的景象。整幅作品筆勢跌宕，剛健中見婀娜，氣足、神貫、韻厚，表現出強烈的運動感和雄強的氣勢。視覺效果很像一幅潑墨寫意畫，充分表現了李白詩的豪情和境界。

　　15. 康熙題「秀峰寺」（圖1-151）、書江淹詩（圖1-152）

▲ 圖1-151　康熙題「秀峰寺」

康熙皇帝（1654-1722），名玄燁，滿族愛新覺羅氏，清世祖第三子。繼位時年僅八歲，在位六十一年。年號康熙，廟號清聖祖。他一生勵精圖治，能謀善斷，憑藉文韜武略，使多民族國家的統一得到鞏固和發展。他一生苦研儒學，表彰程朱理學，開博學鴻儒科，設館纂修《明史》、編纂《古今圖書集成》《全唐詩》《佩文韻府》《康熙字典》等。他酷愛董其昌書法，使董書一時身價百倍，成為「干祿正體，求仕捷徑」。

「秀峰寺」碑，立於月門外石徑之右，是康熙皇帝的御筆。一七〇七年春，康熙南巡，開先寺僧超淵迎駕淮安隨至松江，康熙賜手書「秀峰寺」三字。康熙四十

▲ 圖 1-152　康熙臨米芾書江淹詩

七年（1708），江西巡撫郎廷極立碑。自此，開先寺改名秀峰寺。「秀峰寺」三字屬行楷書體，融合了顏柳董趙的楷書法度，

兼有王羲之行書的筆意，筆劃秀潤飽滿，外柔內剛，筆劃之間的組合極其協調，結體平穩端莊而略呈長形，秀中有骨，氣度從容。

《從冠軍建平王登廬山香爐峰》，是清代康熙皇帝臨摹米芾的行書而刻的碑版，立於秀峰寺讀書臺上。詩的作者是南朝梁代的江淹，詩的意思是：廬山草木蔥蘢，鸞鶴翔舞，白雲環繞，紫氣升騰，是修仙學道的好地方。碑刻內容如下：「廣成愛神鼎，淮南好丹經。此山具鸞鶴，往來盡仙靈。瑤草正翕𤩹，玉樹信蔥菁。絳氣下縈薄，白雲上杳冥。中坐瞰蜿虹，俯伏視流星。不尋遐怪極，則知耳目驚。日落長沙渚，曾陰萬里生。藉蘭素多意，臨風默含情。方學松柏隱，羞逐市井名。幸承光誦末，伏思托後旍。元豐三年仲春月書於致爽軒中，襄陽米芾。」此碑下筆果斷，運筆精到，筆鋒或藏或露，筆劃燥潤結合，或濃或枯。從結體上看，大多數字左上角顯得較重，右下角顯得較輕，整個字形略向左傾斜。從章法上看，幾乎每一行都呈向左傾斜之勢，頗有動態感。從用筆到結體、章法都顯得活潑跳躍，充分表現了米芾行書如「風檣陣馬，沉著痛快」的獨特風格。雖為摹寫，堪稱名碑。

16. 康有為書「黃龍寺」（圖1-153）

康有為（1858-1927），南海（今廣東廣州）人，人稱南海先生。光緒年間進士，任工部主事。於一八八八到一八九八年間先後七次上書，要求光緒皇帝變法。一八九八年領導「戊戌變法」，失敗後逃亡日本。後來成為保皇派首領。他是繼包世臣之後的又一大書論家，著《廣藝舟雙楫》，宣導尊魏卑唐。他的書

法也從北碑中求意趣，對《石門銘》用功尤深，同時參合泰山經石峪、雲峰山諸石刻文字。他的字，筆劃平長，轉折多圓，運鋒自然，結體舒張，確有縱肆奇逸的氣派，但筆力稍弱，缺乏含蓄和變化。正如他自己在《廣藝舟雙楫》中所說：「吾眼有神，吾腕有鬼，不足以副之。」

此碑「黃龍寺」三字，形方勢圓，魏碑中兼融篆書、行書筆意。「黃」字上部平正，屬楷書寫法，下部左高右低呈斜側狀，底部兩點均寫成半環行的曲線，屬行書寫法，字形略向右斜側；「龍」字左邊筆劃拙重，屬魏碑寫法，右邊筆劃圓渾，融入了篆書的線條，字形略微向左傾側；「寺」字上部端正，一豎挺直高聳，兩橫也富有變化，下部偏向右邊，鉤畫收筆處用行書寫法，字形略微向左傾斜。從總體上看，此碑形態方正而略帶斜側，點畫以拙重艱澀的魏碑筆劃為主，以圓渾流暢的篆書、行書線條為輔，氣魄宏大，個性鮮明。

▲ 圖1-153　康有為書「黃龍寺」

▲ 圖1-154　韓國李寧齋書「笑啼岩」

17. 韓國李寧齋書「笑啼岩」（圖1-154）

李寧齋，朝鮮早期愛國志士。據《廬山續志》載：民國廿一年（1932），李寧齋六十三歲，有《壬申記》述遊廬山之事。

「笑啼岩」三字，刻於龍潭石壁上，下有附記云：「寧齋先生，韓遺民也。國亡來華，睹吾國現狀頗與韓同，乃親書笑啼岩三字於此，復囑余增書一韓字，以明其國籍所在焉。」

「笑啼」二字的寓意是「自述遊於勝地，愴懷故國，欲啼不得，欲笑不得云云」（《廬山續志》）。可見「笑啼」二字飽含著李寧齋垂暮之年的亡國之痛和無可奈何的心情，也表達了對中國動盪不安局勢的憂慮和歎息。從書法角度看，李甯齋書法受中國近代崇尚碑學風氣的影響較大，「笑啼岩」三字兼有顏體的圓勁渾厚、魏碑的生辣狠重，橫畫、豎畫、撇畫尾部、捺畫收筆處都很拙重，筆劃之間的空隙很小，字形大璞不雕，氣韻沉著雄峻。落款「李寧齋」三字，行書中兼有魏碑的生辣艱澀，也頗耐看。

18. 馮玉祥書《墨子·尚同下》語錄（圖1-155）

馮玉祥（1882-1943），原籍安徽巢縣，生於河北青縣，長於保定。行伍出身，曾充北洋軍隊中下級軍官。一九二四年在北京發動政變，電請孫中山北上主持大計。一九三三年與中國共產黨

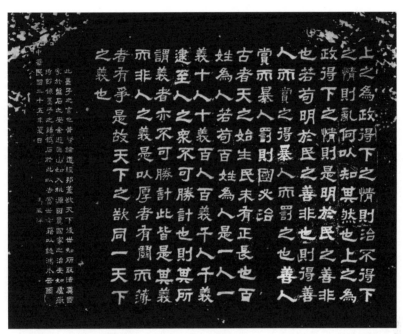

▲ 圖1-155　馮玉祥書《墨子‧尚同下》語錄

合作在張家口組織抗日同盟軍，任總司令。一九四八年參與組建
中國國民黨革命委員會，同年九月由美返回國內參加新政協，途
經黑海時因輪船失火遇難。馮玉祥詩歌學「元白體」，同時吸收
民歌和新詩的長處，一生曾寫作發表詩歌四百多首，自成一格，
稱「丘八詩」。有《馮玉祥詩選》傳世。

　　民國二十五年（1936），馮玉祥遊盧山時，有感於神州動
盪，期盼「國家之治，安於盧嶽」，揮筆書寫《墨子‧尚同下》
中論治國經邦之語，刻於玉淵潭石壁上。墨子之語的核心是「上
之為政，得下之情則治；不得下之情則亂」，強調瞭解下情對於
國家長治久安的重要性。此摩崖石刻，用漢隸寫成，風格接近

《張遷碑》，並融入了魏碑結體和氣骨。下筆狠重，筆劃粗厚。橫畫起筆處多呈圓形，收筆處呈斜切狀；豎畫方起方收，斬截有力；撇畫尾部較重；捺畫一波三折，似蠶頭燕尾；鉤畫向左平推，力飽氣足。結體方中帶扁，向左右呈開張之勢。字距、行距較均勻，縱成行，橫成列，款字用較小的隸體寫成，整篇佈局嚴謹工整，一絲不苟。值得注意的是，這段語錄中有很多重複出現的字，如「為」字重複出現四次，「而」字五次，「則」字六次，「也」字七次，「之」字十四次、「人」字十二次。一字多次重複出現，加上用隸書這種字體，這就給書寫者帶來相當大的難度，有些字在結構和筆劃的處理上難免雷同。但總的說來，瑕不掩瑜，整齊、嚴謹、厚重、大氣，是這幅石刻藝術的魅力所在。

第二節 ▶ 麻姑山等地的石刻

一、顏真卿《麻姑仙壇記》

　　《麻姑仙壇記》（圖 1-156），全稱《有唐撫州南城縣麻姑山仙壇記》，楷書。顏真卿撰文並書。顏真卿於唐代宗大曆三年（768）出任撫州刺史，大曆六年（771）四月遊覽南城縣麻姑山，寫成這篇遊記並刻石。其內容主要記述麻姑得道成仙之事。麻姑是中國古代神話中的女仙。葛洪《神仙傳》說她為建昌（今江西南城縣建昌鎮）人，修道牟州（今山東掖縣）東南姑余山。顏真卿《麻姑仙壇記》引用《圖經》的說法：「南城縣有麻姑山，頂有古壇，相傳云麻姑于此得道。」又引用葛洪《神仙傳》記載

的有關傳說：東漢桓帝時，麻姑應王方平之召，降於蔡經家，年十八九，能擲米成珠。自言曾見東海三次變為桑田，蓬萊之水也淺於舊時，或許又將變為平地。她的手指像鳥爪，蔡經見後曾想：「背大癢時，得此爪以爬背，當佳。」後世遂以「麻姑擲米」比喻點化事物，用「滄海桑田」比喻世事變化之急劇，用「麻姑搔癢」比喻優秀文學作品的藝術魅力。

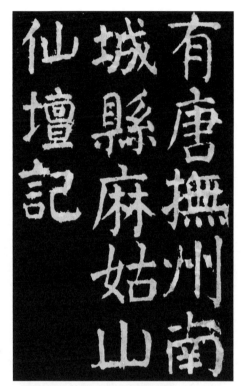

▲ 圖 1-156　顏真卿《麻姑仙壇記》

顏真卿在撫州刺史任上，正值其仕途失意之際，故時有問道向禪之心，《麻姑仙壇記》反映了此時的心情。

　　從書法角度看，《麻姑仙壇記》傳世有大、中、小楷三種，但原石均佚，僅見刻本。其中大字本楷書，字徑約五釐米，原在撫州南城（今江西南城縣），明代毀於火，現存者經明藩益王朱

祐濱重刻。[1]此碑以篆法入楷，橫豎筆劃皆粗，筋力飽滿，起筆、收筆多藏頭護尾，結體方正而略帶圓形，風格寬博剛正，莊嚴雄秀，歷來為人所重，是顏體代表作之一。歐陽修《集古錄跋尾》卷七《唐顏真卿麻姑仙壇記》評曰：「顏公忠義之節，皎如日月。其為人尊嚴剛勁，像其筆劃，而不免惑於神仙之說。」[2]中字本楷書，字徑約二釐米，現存者僅見於《忠義堂帖》，未見古人著錄。小字本楷書，字徑約一釐米，翻刻歷來有數種，而以文徵明《停雲館帖》刻本最有名。[3]歐陽修《集古錄跋尾》卷七中說：「此記遒峻緊結，尤為精悍，筆劃巨細皆有法，愈看愈佳。」[4]

二、其他地方的石刻

1. 永豐沙溪鎮歐陽修《瀧岡阡表》（圖 1-157）

據劉德清《歐陽修紀年錄》介紹，宋真宗大中祥符三年（1010），歐陽修四歲。其父歐陽觀調任泰州（今屬江蘇）軍事判官，卒於任所，年五十九。叔父歐陽曄時任隨州（今湖北隨縣）推官，舉家定居於隨州。歐陽母鄭氏攜兒女投靠歐陽曄，把家安在隨州。鄭氏守節居窮，畫荻教子，叔父歐陽曄也教歐陽修

---

1 楊震方《碑帖敘錄》，上海古籍出版社，1982 年版。第 160 頁。

2 歐陽永叔：《歐陽修全集》，中國書店，1986 年版，第 1172 頁。

3 楊震方：《碑帖敘錄》，上海古籍出版社 1982 年版，第 160 頁

4 歐陽永叔：《歐陽修全集》，中國書店 1986 年版，第 1173 頁。

讀書。大中祥符四年，歐陽修五歲，葬父歐陽觀於吉州吉水縣沙溪鎮瀧岡（今屬吉安市永豐縣）。

▲ 圖1-157　歐陽修《瀧岡阡表》

仁宗天聖八年（1030），歐陽修二十四歲，進士及第，步入仕途，任西京留守推官、館閣校勘、夷陵縣令、乾德縣令、滑州武威節度判官。慶曆元年（1041），歐陽修三十五歲，在朝廷任集賢校理。十月，母病，歐陽修托好友梅堯臣訪求名醫。

皇祐元年（1049），歐陽修四十三歲，移官潁州，任知州。皇祐四年三月十七日，母鄭氏夫人卒於官舍，享年七十二歲。皇祐五年六月十五日，歐陽修扶護母喪南下歸葬，八月抵故里吉州吉水縣沙溪鎮，合葬鄭氏夫人於沙溪鎮瀧岡。歐陽修的兩位亡妻胥氏、楊氏同時祔葬。

宋神宗熙寧三年（1070），歐陽修六十四歲，在青州任知州。四月十五日，他將皇祐年間寫的《先君墓表》精心改寫成《瀧岡阡表》，連同世譜，刻於阡碑，立於永豐沙溪西陽宮。從初稿到改寫稿，時間相距約二十年。如前文所述，父親歐陽觀病逝時，歐陽修年方四歲，難以知悉亡父的行狀，這自然給他帶來撰述上的困難。聶世美在分析《瀧岡阡表》時說：「本文最大的

特點之一，即是作者採取避實就虛、以虛求實、以虛襯實的方法。在文章中巧妙地穿插了其母太夫人的言語，以她口為己口，從背面和側面落筆行文。一方面以此為依據，追念表彰其亡父的仁心惠政；另一方面，在表其父阡的同時，也藉以頌揚其母德母節，使一位賢妻良母的形象栩栩如生地凸現在讀者眼前。」[5]文中有這樣一段細膩生動的描寫：

修不幸，生四歲而孤。太夫人守節自誓，居窮，自力於衣食，以長以教，俾至於成人。太夫人告之曰：「汝父為吏廉，而好施與，喜賓客；其俸祿雖薄，常不使有餘，曰：『毋以是為我累。』故其亡也，無一瓦之覆、一壟之植，以庇而為生，吾何恃而能自守邪？吾於汝父，知其一二，以有待於汝也。自吾為汝家婦，不及事吾姑，然知汝父之能養也；汝孤而幼，吾不能知汝之必有立，然知汝父之必將有後也。吾之始歸也，汝父免於母喪方逾年，歲時祭祀，則必涕泣曰：『祭而豐，不如養之薄也。』間禦酒食，則又涕泣曰：『昔常不足，而今有餘，其何及也！』吾始一二見之，以為新免於喪適然耳。既而其後常然，至其終身，未嘗不然。吾雖不及事姑，而以此知汝父之能養也。汝父為吏，嘗夜燭治官書，屢廢而歎。吾問之，則曰：『此死獄也，我求其生不

5　徐中玉主編：《古文鑑賞大辭典》，浙江教育出版社 1989 年版，第 894頁。

得爾。』吾曰：『生可求乎？』曰：『求其生而不得，則死者與我，皆無恨也，矧求而有得邪。以其有得，則知不求而死者有恨也。夫常求其生，猶失之死，而世常求其死也。』回顧乳者抱汝而立於旁，因指而歎曰：『術者謂我歲行在戌，將死，使其言然，吾不及見兒之立也。後當以我語告之。』其平居教他子弟，常用此語，吾耳熟焉，故能詳也。其施於外事，吾不能知；其居於家，無所矜飾，而所為如此，是真發於中者邪！嗚呼！其心厚於仁者邪！此吾知汝父之必將有後也。汝其勉之！夫養不必豐，要於孝；利雖不得博於物，要其心之厚於仁。吾不能教汝，此汝父之志也。」修泣而志之，不敢忘。**6**

在這裡，歐陽修借太夫人之口，重點敘述了亡父歐陽觀為官清廉，樂善好施，奉親至孝，關愛百姓的高尚品德。「孝」是兒女對父母應盡的職責，是一種無私的、不計報酬的善行，從「孝道」出發，推及社會，能培養仁愛之心和清正廉明的品格。歐陽修的《瀧岡阡表》不僅頌揚了父母的仁風美德，而且弘揚了儒家世代相傳的「孝道」。

2. 宜豐縣洞山蘇轍遊洞山詩石刻

蘇轍（1039-1112），是宋代著名的散文家，因受其兄蘇軾

6　《居士集》卷二十五，見歐陽永叔著《歐陽修全集》，中國書店，1986年版。第179頁。

「烏台詩案」的牽連，於宋神宗元豐三年（1080）被貶到筠州（今高安）監收鹽酒稅。宜豐洞山、黃檗山、逍遙山、石臺山、上藍院的方丈，都不斷地到筠州去看望蘇轍，與他談詩說禪。元豐五年夏秋之間，蘇轍到宜豐，回訪當地各位名僧。到洞山時，由本縣人朝散郎李丹陪同，李丹寫了《遊洞山》詩，蘇轍即作《次韻李朝散遊洞山》二首唱和：

其一

古寺依山占幾峰，精廬放佛類天宮。

三年欲到官為礙，百里相望意自通。

無事佛僧何處著，入群鳥獸不妨同。

眼前簿領何時脫，一笑相看丈室中。

其二

僧老經時不出山，法堂延客未曾關。

心開寶月嬋娟處，身寄浮雲出沒間。

休夏巾瓶誰與共，迎秋水石不勝閒。

近來寄我金剛頌，欲指胸中無所還。

這兩首詩俱載《新昌縣誌》，也見於《欒城集》。第一首內容是：洞山佛寺坐落在群峰之間，華麗的佛殿美如天宮。三年來，自己忙於官事，只能遙望洞山，心嚮往之。盼望能擺脫官場束縛，到深山佛寺一遊。第二首寫自己到洞山拜訪僧老，領略山中幽靜的景色，身寄浮雲之間，面對秋水磐石，心如明月，悠閒超脫。第一首刻於洞山夜合石壁。石刻面積三平方米，每字二十

釐米見方，豎向書刻，行書。鑿刻時石面未經鏨削，故詩行也凹凸不齊，似乎顯示出蘇轍當年是信手題詩。詩刻旁的一處石窪上方，鐫有「墨池」二字，其意似乎是告訴後人，當年蘇轍題詩於石，就是研墨於此，濡筆而書的。蘇轍的到訪和題詩，無疑給洞山增添了文化色彩。

3. 修水縣宋黃庭堅《王純中墓誌銘》、「佛」

《王純中墓誌銘》，拓本，大字楷書。原石縱八十八釐米，橫八十八釐米。江西省修水縣文化館藏。此帖元祐二年（1087）書於開封。以楷法結體，以行書筆意書之。筆劃較豐潤，豎畫圓勁，撇捺舒展瀟灑；結體方正，略帶扁側。用筆、結體既得益於《瘞鶴銘》，又酷似蘇軾書法。[7]

「佛」字榜書，刻在修水縣修河南岸如刀削般的崖壁上，字形長寬各有一米多，比一張八仙桌的桌面還大。「佛」字兩旁還各有一行也許只有少數人才能夠讀懂的佛家用語，落款為「黃庭堅敬題」。舊時修水縣城僅限於城北，南山崖盤踞於修河南岸邊，與縣城相對應。南山崖古木參天，青藤倒掛，是一處天然美景，從東而上，一條石級小道直通幽靜處。宋時，僧人們在山上建有僧舍。元豐六年（1083）黃庭堅在太和縣知縣任期已滿，即將到德州德平鎮任酒稅官。在赴德平上任之前，他繞道回故鄉省親，應當時分寧的知縣郭知章之邀，乘船觀賞南山崖的美景，揮毫題寫榜書「佛」字，郭知章請當地最好的工匠將黃庭堅所書的

7　劉正成：《中國書法鑒賞大辭典》，第 661 頁。

「佛」字鐫刻在陡峭的崖壁上。一九五九年，黃庭堅題寫的「佛」字連同南山崖其他摩崖石刻碑刻被江西省人民委員會列為省級保護文物。

4.崇義縣明代王守仁《平茶寮碑》（圖1-158）

王守仁（1472-1528），字伯安，浙江餘姚人。因被貶貴州時曾居住於陽明洞，世稱陽明先生。弘治十二年（1499）進士，授刑部主事，後改兵部主事。正德元年（1506年），一度被權宦劉瑾排擠，貶謫貴州。正德五年，升江西吉安府廬陵縣知縣。正德十一年巡撫南贛，平定漳州地農民起義。正德十四年平定寧王朱宸濠叛亂。正德十六年初始於南昌揭示「致良知」學說，完成「心學」體系，六月升南京部尚書，加封為特進光祿大夫、柱國、新建伯。卒後，諡文成，著有《王文成公全書》行世。《明史》卷一百九十五有傳。

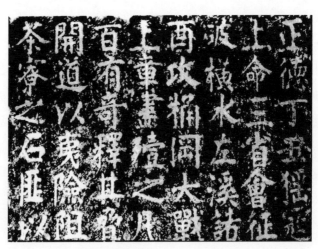

▲ 圖 1-158　王守仁平茶寮碑

平茶寮碑，又名紀功岩、碑記石，楷書，位於崇義縣思順鄉齊雲山行政村桶江（明代稱桶岡）。明正德十二年（1517），南贛巡撫王守仁（王陽明，前有介紹）在平息謝志珊、藍天鳳為首的農民暴動之後，於此勒石紀功。碑文刻在天然豎立的單體巨石上，岩石為五邊形，背面平直，石高八點四米，寬六米，厚約二米。岩石上刻有八方石刻，面積共計十三點四五平方米。其中面積最大的一方高三點八一米，寬一點八五米。共計十七行，三一八字。正文為王守仁手書，記述了王守仁親督八府一州官兵破橫水、左溪，攻桶江，大戰西山界，最後於上章全殲謝志珊、藍天鳳餘部的史實，隨同親征的文武官員署名鐫刻於正文之後。西側面刻有「紀功岩」三個大字，東側面刻有王守仁草書詩二首。守備南贛都指揮使郟文、贛南知府邢珣、南康縣丞舒富、隨征督工吏李璟所撰詩文也同刻於岩石上。一九八七年被江西省人民政府公佈為省級文物保護單位。此碑書法，筆力渾厚飽滿，結體方正穩重，風骨凜然，氣魄宏大，深得顏真卿楷書的精神。

5. 贛州通天岩石刻

通天岩位於贛州城區西北郊十公里處。自唐末以來，通天岩被開創為石窟寺，歷時一千多年。通天岩石窟現存有唐宋時期的窟龕三一五處，造像三五九尊，歷代摩崖題刻一二八品，堪稱江西之冠。

通天岩摩崖題刻的分佈範圍很廣，長度約一千米。現存的摩崖題刻中，觀心岩三品，忘歸岩正面三十二品、背面十八品，龍虎岩三十九品，通天岩十五品，翠微岩十九品，普同塔二品。此外，龍虎岩原有題刻十九品，於一九四七年被國民黨軍隊構築軍

▲ 圖1-159李大正《忘歸岩遊記》　　　　▲ 圖1-160無名氏題刻「幽谷」

火庫時炸毀。摩崖題刻的時間上起北宋，曆南宋、元、明、清、民國九百餘年未曾間斷。其中北宋二十八品，南宋二十八品，明代三十八品，清代十六品，民國八品。年代最早的題刻位於翠微岩，刻於北宋熙寧六年（1073）。年代最晚的題刻位於忘歸岩正面，刻於民國三十七年（1948）。摩崖石刻的字體以正楷和行書為主，也有一部分隸書和草書。

　　正楷題刻，當首推南宋李大正在忘歸岩留下的遊記（圖1-159），內容：「建安李大正將命冶鑄。淳熙乙未春二月廿三日奉親攜孥來游通天岩。表弟括蒼吳昂同行。」此題刻筆力渾厚，字大如鬥，氣勢恢宏。無名氏題刻的「幽谷」二字（圖1-160），筆劃拙重，形態端莊穩健。

　　行書題刻中，明代正德十五年（1520），浙江人王守仁在忘歸岩留下的五言詩一首（圖1-161），詩云：「青山隨地佳，豈必

▲ 圖1-161　王守仁《忘歸岩五言詩》

故園好。但得此身閑，塵寰亦蓬島。西林日初暮，明月來何早。
醉臥石床涼，洞雲秋未掃。正德庚辰八月八日訪鄒、陳諸子於玉
岩題壁，陽明山人王守仁書。」此詩有瀟灑出塵的氣度，書法清
勁疏爽，深受後世文人墨客賞愛。

　　明萬曆七年（1579），浙江人唐邦佐留下的題詩當屬上乘之
作（圖1-162），詩云：「神窟千年景未磨，重來詞客豈東坡。岩

虛不礙天光入，徑昃能容屐齒過。世上浮名元夢寐，洞中幽意口煙蘿。日斜羸馬仍催去，無奈山靈笑我何。（皇明萬曆己卯秋日唐邦佐）」筆力沉雄剛健，氣勢飄逸灑脫，融諸家之長，又富有個性。[8]

▲ 圖 1-162　唐邦佐《題詩神窟》

8　依據贛州市政協學習文史委員會編《丹崖悠悠──贛州市通天岩摩崖石刻集錦》，中國文史出版社 2001 年版。

下篇 ——

江西繪畫

第一章

東晉至唐五代的江西繪畫

第一節 ▶ 東晉至五代江西畫壇及畫家概述

繪畫發展到漢代，隨類賦彩和經營位置趨於複雜。東晉乃至爾後畫壇較為熱鬧，顧愷之、戴逵、陸探微、張僧繇、楊子華、曹仲達、田僧亮等，都是當時名家。

「唐代的繪畫在隋朝基礎上獲得了全面發展，人物鞍馬畫取得了非凡的成就，青綠山水畫與水墨山水畫先後成熟，花鳥與走獸畫也作為一個獨立學科引起了人們的關注。」[1]江西畫壇也不能脫離這個大的趨勢和發展方面。東晉至隋朝，未見江西籍畫家。唐代孫魴之父是第一個進入我們視線的江西籍畫工。

孫魴父（生卒年不詳），字伯魚，南昌人。史上散佚其名，其子名魴，故稱其為魴父，有畫名。《唐詩紀事》載：魴，南昌人，唐末，鄭穀避亂歸宜春，魴往依之，頗為誘掖。後有能詩聲，終於南唐。魴父，畫工也。王徹為中書舍人，草魴誥詞云：「李陵橋上，不吟取次之詩；顧愷筆頭，豈畫尋常之物。」魴終

---

[1] 楊仁愷主編：《中國書畫》，上海古籍出版社 2001 年版。

身恨之。（宋・計有功《唐詩紀事》卷七十一）

　　陶玉、霍仲初（生卒年不詳），據史料記載，二人為唐高祖武德年間昌南鎮（今景德鎮）的兩個制瓷高手。陶玉是本地區的鐘秀里人，他所燒的瓷器稱「陶窯」，瓷器的特色是「土惟白壤，體稍薄，色素潤」，他把自己所燒制的瓷器運入關中，到唐代京都長安出售。由於瓷器品質好，不僅為市場購買者所鍾愛，而且驚動皇宮，朝廷命他燒制瓷器貢獻宮廷，作為皇家御用之物。因為瓷器秀美如玉，以至被稱為「假玉器」，「於是昌南瓷名天下」。

　　霍仲初也是昌南地區的東山里人，他所燒制的瓷器稱「霍窯」，瓷器的特點是「色亦素，土墡膩，質薄，佳者瑩縝如玉」。唐武德四年（621），皇帝下詔書，命他製造瓷器進御皇宮。這兩個制瓷能手由於技藝高超，不僅為自己創下了輝煌的事業，而且大大提高了景德鎮地區瓷器的聲望。

　　蔡潤（生卒年不詳），鍾陵（今江西進賢）人，工畫船水。李後主時為宮廷畫家，起初任普通「彩畫匠人」，因畫《舟車圖》進呈後主，後主始知其名，於是補畫院之職。其後後主又令他畫《楚王渡江圖》藏於內府（宋郭若虛《圖畫見聞志》）。宋劉道醇《聖朝名畫評》及元夏文彥《圖繪寶鑒》認為他是建康（今江蘇南京）人。劉道醇把他的畫列為妙品。據宋劉道醇《聖朝名畫評》卷三：燕文貴、蔡潤二人皆江海微賤，一旦以為天子畫知名，其藝能遠過流輩，故列妙品。

　　潯陽畫工（生卒年不詳），不知其姓名。畫史上關於潯陽畫工的記載很少，唯有徐鉉《稽神錄》卷六在記載修建廬山使者廟

時，一名潯陽縣吏發生的傳奇故事中提到了這個這個不知名的江西籍畫家。

　　李元嬰（生卒年不詳），唐滕王元嬰，高祖第二十二個兒子。唐張彥遠《歷代名畫記》卷九、宋郭若虛《圖畫見聞志》卷五和宋佚名《宣和畫譜》卷十五均記載滕王善畫。元嬰喜歡和擅長畫花鳥蜂蝶，但其畫不傳。宋代朱景元曾經見過他的粉本，說他的畫：「能巧之外，曲盡精理，不敢第其品格。唐王建作宮詞云『傳得滕王蛺蝶圖者，謂此也』。今禦府所藏一《蜂蝶圖》。」（宋佚名《宣和畫譜》卷十五）

　　徐熙（生卒年不詳），但可知其卒於宋滅南唐之前。五代南唐畫家，鍾陵（今江西進賢）人。他出身江南名族，一生以高雅自任而不肯出仕。善畫花竹、禽魚、蔬果、草蟲。他經常漫步遊覽於田野園圃，所見景物多為汀花野竹、水鳥淵魚、園蔬藥苗。每遇景物，必細心觀察，故傳寫物態，皆富有生動的意趣。在畫法上他一反唐以來流行的暈淡賦色，另創一種落墨的表現方法，即先以墨寫花卉的枝葉蕊萼，然後傅彩、著色。他在所著《翠微堂記》中自謂「落筆之際，未嘗以傅色暈淡細碎為功」。當時徐鉉記徐熙畫是「落墨為格，雜彩副之，跡與色不相隱映也」（《圖畫見聞志》）。宋代沈括形容徐熙畫「以墨筆為之，殊草草，略施丹粉而已，神氣迥出，別有生動之意」（《夢溪筆談》）。宋代《德隅齋畫品》中著錄徐熙《鶴竹圖》，謂其畫竹「根幹節葉皆用濃墨粗筆，其間櫛比，略以青綠點拂，而其梢蕭然有拂雲之氣」。米芾又謂他畫花果有時用澄心堂紙，用絹則「其紋稍粗如布」。這種題材和畫法都表現他作為江南處士的情懷和審美趣

味，與妙在賦彩、細筆輕色的「黃家富貴」（指黃筌與黃居父子）不同，而形成另一種獨特風格，被宋人稱為「徐熙野逸」。然而《圖畫見聞志》中記徐熙為南唐宮廷所繪的「鋪殿花」「裝堂花」，於「雙縑幅素上畫叢豔疊石，傍出藥苗，雜以禽鳥蜂蟬之妙」，「意在位置端莊，駢羅整肅，多不存生意自然之態」。這種富有裝飾性的繪畫，也構成了徐熙繪畫的另一風貌。

徐熙的孫子徐崇矩、徐崇嗣、徐崇勳皆善畫。徐崇嗣曾參加描繪南唐中主元旦賞雪圖的集體創作，負責圖寫池沿禽魚。進入北宋後，由於當時「黃家富貴」成為北宋宮廷花鳥畫的標準，徐崇嗣便效諸黃之格，創造了一種不用墨筆，直以彩色圖之的沒骨畫法。北宋宣和御府中所藏徐崇嗣畫，「率皆富貴圖繪，謂如牡丹、海棠、桃竹、蟬蝶、繁杏、芍藥之類為多」，與野逸畫風已有所不同。

徐熙畫在南唐甚受重視，為後主李煜所欣賞。在宋代也享有很高聲譽，宋太宗見徐熙所畫安石榴，以為「花果之妙，吾獨知有熙矣，其餘不足觀也」（宋・劉道醇《宋朝名畫評》卷三）。他與黃筌都代表了五代花鳥畫的新水準，具有重要歷史地位，然宋人評論又說，黃筌神而不妙，趙昌妙而不神，神妙俱完，舍熙無矣，被譽為「江南絕筆」（宋・《宣和畫譜》卷十七花鳥三）。徐熙作品傳世有《雪竹圖》（圖 2-1）等。

《雪竹圖》描寫江南雪後嚴寒中的枯木竹石。構圖新穎，層次豐富。作者用烘暈皴擦等法，描繪竹石覆雪的景象。石後三竿粗竹挺拔蒼勁。其旁有彎曲和折斷了的竹竿，又有一些細嫩叢雜的小竹參差其間，更覺情趣盎然、生機勃勃。竹節用墨皴擦，結

構清楚。竹葉用細筆勾描，正反向背，各逞其勢。地面秀石不勾輪廓，只用暈染方法襯出，以示其雪。此圖無款識。畫中大石右側的竹竿上，有篆書體倒寫「此竹價重黃金百兩」八字。此畫以

▲ 圖 2-1　徐熙《雪竹圖》
絹本墨筆，縱 151.1 釐米，橫 99.2 釐米，上海博物館藏。

線條墨色為主，工整精微而寫實，為五代的佳作。

此幅《雪竹圖》似是最能體現其「落墨」風格的。謝稚柳先生曾著文介紹：「所謂『落墨』，是把枝、葉、蕊、萼的正反凹凸，先用墨筆來連勾帶染的全部把它描繪了出來，然後在某些部分略略地加一些色彩。」也就是說，一幅畫的形和神，都是用墨筆和墨色來「落定」，著色只是輔助。這體現了徐熙在筆墨上的大膽革新。以《雪竹圖》觀之，圖繪雪後的枯木竹石。下方是大小數方秀石，不重勾勒而用水墨暈染出結構，留白以示積雪。石後中間是三竿粗竹，挺拔茁壯，細枝遒勁，殘葉紛披。旁有數竿被雪壓彎或折斷的竹子，或粗或細，或斷或彎，又有數竿細竹穿插其間，顯得姿態多變，情趣盎然。左旁則現一段枯樹，枝杈被折，或勾葉，或暈染留白，映襯雪景的蕭瑟。而在刻畫上，勾皴與暈染，粗筆與細筆，濃墨與淡墨，墨染與留白，兼施並用，同樣是嚴謹的寫實作品，與北宋盛行的「細勾填彩」、務求逼真的畫風相比較，顯得率意而出格，然而卻也更多變化，更富情趣。

崔希真（生卒年不詳），唐代宗大曆初年，活動於鍾陵郡。他善於彈琴，精於繪畫，又喜歡修養道術。元夏文彥《圖繪寶鑒》卷五：「崔希真，鍾陵人，精繪事。」

曹仲玄（生卒年不詳），豐城縣（今豐城市）人。南唐後主時為待詔，善畫道佛鬼神。早年學習唐代大畫家吳道子畫技，後轉變畫風，自創細密法，由簡練粗獷變為細膩，自成一家。尤擅長彩繪，曾於建業佛寺作上下座壁畫，歷時八年仍未完成。後主責怪他畫得過慢，命畫師、翰林待詔周文矩前往核查，文矩上奏說：「仲玄繪上天本樣，非凡工所及，故遲遲如此。」（宋《宣

和畫譜》卷三道釋三）後主乃加慰諭，鼓勵他繼續創作。一年後，壁畫完稿，轟動京城，前去觀畫者絡繹不絕，被譽為珍品。

李常（1027-1090），字公擇，南康建昌人。少讀書廬山白石僧舍。既擢第，留所抄書九千卷，名舍曰「李氏山房」。登皇祐進士，調江州判官。熙寧中（1072 年前後）為右正言，知諫院。王安石與之善。時安石立新法，常極言其不便。安石遣親密喻意，常不為止。哲宗時，累拜御史中丞，出知鄧州。徙成都，卒於行次。常著有文集、奏議六十卷，詩傳十卷，及元祐會計錄三十卷，《宋史》有傳。

厲昭慶（生卒年不詳），五代南唐畫家。建業（今江蘇南京）人；一作豐城（今屬江西）人。初仕南唐後主李煜為翰林待詔，工畫佛像，尤長於觀音。凡畫古今人物，衣紋生熟，亦能分別。開寶末年隨李煜入宋，籍為編戶。因有丹青之名，授圖畫院祗候。每欲揮筆，必求虛靜之室，於無塵埃處，覆其四面，止留尺餘，始肯命意。北宋劉道醇評其畫云：「居必幽靜，故其澄慮，設色久而愈精，列神品下。」（宋劉道醇《聖朝名畫評》）

第二節 ▶ 南方山水畫派——董源、巨然

董源（？-約 962），中國五代南唐畫家。一作董元，字叔達，江西鍾陵（今江西進賢）人，自稱「江南人」。生年不詳，主要活動在南唐中主（934-960）時期。任北苑副使，故又稱「董北苑」，南唐亡後入宋，被看作是南派山水畫的開山大師。畫史上把董源、范寬、李成，稱為北宋初年的三大家。

董源不僅以畫山水見長，也能畫牛、虎、龍及人物。作為山水畫家，董源也是不專一體的。宋人稱許其大設色山水景物富麗，宛有李思訓風格。但其最有獨創性而且成就最高的是水墨山水。他運用披麻皴和點苔法來表現江南一帶的自然面貌，神妙地傳寫出峰巒晦明、洲渚掩映、林麓煙霏的江南景色。他用筆甚草草，近視之幾不類物象，遠觀則景物粲然，在技巧上富有創造性。他的名作《夏景山口待渡圖》和《瀟湘圖》，將夏天江南的丘陵，江湖間草木暢茂、雲氣瀹鬱的特定景色表現得淋漓盡致。其筆墨技法是與他所表現的特定景色充分適應的。

宋代沈括稱他「多寫江南真山，不為奇峭之筆」（宋・沈括《夢溪筆談》卷十七）。所畫山形，多是長江中下游一帶的丘陵，大都為坡陀起伏，土山戴石，很少作陡峭嶄絕之狀。這與較早於他的荊浩所表現的氣勢雄偉的北方山形正好成為鮮明的對比。董源很重視對山水畫中點景人物的刻畫，每每都帶有風俗畫的情節性，有時實為全畫的題旨所系。雖形體細小，簡而實精，人物皆設青、紅、白等重色，與水墨皴點相襯托，別饒一種穠古之趣。其傳世作品還有《龍宿郊民圖》等。

董源所創造的水墨山水畫新格法，當時得到巨然和尚的追隨，後世遂以「董巨」並稱。在宋代，除了米芾、沈括十分欣賞「董巨」畫派之外，一般論者對「董巨」的評價並不高。到了元代，取法「董巨」的風氣漸開。湯垕認為：「唐畫山水至宋始備，如（董）元又在諸公之上」（元・湯垕《畫鑒》），對董源有了新的認識。元末四家和明代的吳門派，更奉董源為典範，明末「南北宗」論者雖然在理論上尊王維為「南宗畫祖」，但實際上

卻是在祖述董源。元代黃公望說：「作山水者必以董為師法，如吟詩之學杜也。」清代王鑒說：「畫之有董巨，如書之有鍾王，舍此則為外道。」董源在後世產生如此深遠的影響，在中國山水畫史上是罕見的。

據畫史記載，董氏善山水人物，雲龍、牛虎，無所不能，尤以山水畫最為著名，開創南派山水。其山水多以江南真山入畫而不為奇峭之筆，記載說他山水多畫江南景色「平淡天真，唐無此品」。米芾曾盛讚其山水曰：「峰巒出沒，雲霧顯晦，不裝巧趣，皆得天真。」（宋‧米芾《畫史》）。元湯垕的《畫鑒》裡記載：「董源山水有兩種：一樣水墨，疏林遠樹，平遠幽深，山石作披麻皴；一樣著色，皴文甚少，用色濃古，人物多用紅青衣，人面亦有粉素者。二種皆佳作也。」北宋沈括在《夢溪筆談》卷十七中提到：「董源善畫，尤工秋嵐遠景，多寫江南真山，不為奇峭之筆」；又稱「其用筆甚草草，近視之幾不類物象，遠觀則景物粲然……」擅畫水墨及淡著色山水，喜用狀如麻皮的皴筆表現山巒，上多礬頭（山頂石塊）苔點，多畫叢樹繁密，丘陵起伏，雲霧顯晦和溪橋漁浦、汀渚掩映的江南景色，後人稱其所作平淡天真，為唐代所無。也有設色濃重之作，山石皴紋甚少，景物富麗，近於李思訓格調，而較放縱活潑。兼工龍、牛、虎和人物。

五代至北宋初年是中國山水畫的成熟階段，形成了不同風格，後人概括為「北派」與「南派」兩支。董源的《瀟湘圖》被畫史視為「南派」山水的開山之作。其他傳世作品有《瀟湘圖》卷（圖2-2、圖2-3）（現藏故宮博物院）；《夏山圖》卷（藏上海博物館），《夏景山口待渡圖》卷（圖2-4、圖2-5）（藏遼寧省博

物館）；《龍宿郊民圖》（圖 2-6）及《洞天山堂》（圖 2-7）二軸等。

　　「瀟湘」指湖南省境內的瀟河與湘江，二水匯入洞庭湖，「瀟湘」也泛指江南河湖密佈的地區。圖繪一片湖光山色，山勢平緩連綿，大片的水面中沙洲葦渚映帶無盡。畫面中以水墨間雜淡色，山巒多運用點子皴法，幾乎不見線條，以墨點表現遠山的植被，塑造出模糊而富有質感的山型輪廓。墨點的疏密濃淡，表現了山石的起伏凹凸。畫家在作水墨渲染時留出些許空白，營造雲霧迷蒙之感，山林深蔚，煙水微茫。山水之中又有人物漁舟點綴其間，賦色鮮明，刻畫入微，為寂靜幽深的山林增添了無限生機。五代至北宋初年是中國山水畫的成熟階段，形成了不同風格，後人概括為「北派」與「南派」兩支。董源此圖被畫史視為「南派」山水的開山之作。

▲ 圖 2-2　董源《瀟湘圖》局部 1

▲ 圖 2-3　董源《瀟湘圖》局部 2
《瀟湘圖》，絹本設色，縱 50 釐米，橫 141.4 釐米，北京故宮博物院藏。

▲ 圖 2-4　董源《夏景山口待渡圖》局部 1

▲ 圖 2-5　董源《夏景山口待渡圖》局部 2
《夏景山口待渡圖》，絹本淡設色，縱 50 釐米，橫 320 釐米，遼寧省博物館藏。

▲ 圖 2-6　董源《龍宿郊民圖》
立軸，絹本設色，縱 160 釐米，橫 156 釐米，臺北「故宮博物院」

　　《夏景山口待渡圖》描繪的是江南夏天景色。開卷處乾沙淺岸，坡下溪流縈繞，佈景空靈。中幅結構縝密，山峰層丘疊壑，焦墨大披麻皴，高厚雄壯。卷末沙岸延伸，垂柳成行，展現出平遠遼闊的江景。全卷用披麻皴加墨點筆法表現漫山的樹木叢林。與《瀟湘圖》相比，雖形體有些一致，但用筆墨有出入之處，其筆墨變幻是多樣的。畫家柯九思鑒定曰：「真神品也。」

▲ 圖 2-7　董源《洞天山堂圖》
立軸，絹本設色，縱183.2釐米，橫121.2釐米，臺北「故宮博物院」藏。

　　《夏山圖》，絹本水墨淡設色，縱四十九點二釐米，橫三一三點二釐米，上海博物館藏。此圖以重巒疊岡、沙汀煙樹橫亙畫面，氣勢遼闊蒼茫。間有細小的人物、舟橋、茅舍、牛羊出沒隱現，一派山明水秀的江南風光。草木山石用點簇皴，乾筆、濕筆、破筆濃淡相參，概括簡練，如沈括所說「近視之幾不類物象，遠視則景物粲然」。與《瀟湘圖》《夏景山口待渡圖》同為傳世名跡，都屬於董源後期變體之作。本卷無作者款印。明董其昌根據《宣和畫譜》的記載定名為《夏山圖》。有「長」、「黃琳美之」、「袁樞」、「徐渭仁」、「黃芳私印」、「龐元濟書畫印」、「汪今聞氏秘藏」等三十六印。明董其昌三跋，清徐渭仁、戴熙、潘遵祁等跋。曾經南宋賈似道，元史崇文，明黃琳、袁樞、董其昌、清齊梅麓、徐渭仁、黃芳、沈樹鏞，近人龐元濟等收藏，流傳有緒。《古今畫鑒》《清河書畫舫》《珊瑚綱》《式古堂書畫匯考》《虛齊名畫錄》著錄。

　　五代宋初對董源的山水畫成就並不重視，北宋米芾對他的畫作了極高的評價，明代的董其昌對董源則是推崇備至，將董源作為山水畫發展史上的正宗對待，又把董源同王維、李成、米芾、元四家前後貫穿，組成文人畫系。

　　《夏山圖》構圖從高遠取景，整幅重嵐疊岡，淵渚煙汀，樹木華滋、牛群放牧，一派江南山鄉氣象。畫中樹木、山石，全用墨點簇皴而成，樹木濃重厚實，有蔥鬱繁茂之感，山石用雨點皴法，乾筆、濕筆、破筆、濃淡相參，極盡變幻莫測之奇。

　　對於《龍宿郊民圖》中描繪的內容，歷代頗多不同解釋。此圖為四幅絹拼成之大幅，以重著色畫江南郊野風光，山巒圓渾峻

▲ 圖 2-8　巨然《萬壑松風圖》
立軸，絹本淡設色，橫 77.5 釐米，
縱 200.7 釐米，上海博物館藏。

厚，江水寬廣迂回，山麓人家彩燈高懸，水邊有彩舟排列，人群作歌舞情狀，船頭岸上亦有奮臂搥鼓者，人物皆以重彩繪染，在山水畫中穿插了風俗情節。畫中山形水貌與南京極肖似，顯係圖寫南唐首都建康郊野節日娛戲之景象，亦有粉飾昇平成分。此圖畫山巒用披麻皴，青綠著色，雖無款識，歷代相傳為董源筆，必由來有自。

《洞天山堂圖》無款，圖繪白雲吞吐飄浮於山間，山谷中松林茂密，清溪流淌，隱露樓觀，境界清幽，鮮明地表現了世外仙境。畫幅右上楷書「洞天山堂」四字，點明了全畫主題。詩堂有王鐸跋語：「神理氣韻，古秀靈通，入於口微，董源此

圖，當屬玄化，丙戌端陽後二日題于琅華館。」故此遂被定為董源手筆。然此圖筆墨蒼勁，景色茂密，雲朵以白粉染繪，與董源之淡墨輕嵐頗不相類，更近於十二世紀後之山水畫風貌，按金代很多山水畫承襲董、巨而有所變化，故擬此畫為金代之作似更為恰當。

巨然（生卒年不詳），原姓名不詳，五代南唐至北宋初年畫家，僧人。鍾陵（今江西進賢）人，一說江寧（今江蘇南京）人。早年在江寧開元寺出家，南唐降宋後，隨後主李煜來到開封，居開寶寺。擅山水，師法董源，專畫江南山水，所畫峰巒，山頂多作礬頭，林麓間多卵石，並掩映以疏筠蔓草，置之細徑危橋茅屋，得野逸清靜之趣，深受文人喜愛。以長披麻皴畫山石，筆墨秀潤，為董源畫風之嫡傳，並稱「董巨」，對元明清以至近代的山水畫發展有極大影響。有《萬壑松風圖》（圖 2-8）、《秋山問道圖》（圖 2-9）、《山居圖》（圖 2-10）等傳世。

《萬壑松風圖》畫重重山巒中雲煙吞吐，有瀑布直瀉而下，通過山閣匯成溪流，山間松林稠密，雜以蔓草，峰巔隱約可見梵宮塔，溪上架板橋，旁建水榭，中有高士閑坐。以長披麻皴畫巒岡坡陀，細筆寫出松針，濃墨破筆點苔，兼工帶寫，仿佛有爽氣自畫面溢出，給觀者以強烈感染。

《秋山問道圖》現藏臺北「故宮博物院」。整幅畫面描繪的是層層峰巒相疊，林木叢生的景象。「礬頭」相聚，樹叢中掩映一茅屋，其中一老者盤腿靜坐，悠然自得。整幅作品給人以濃淡相間、枯潤相生、筆墨秀潤、氣格清雅、意境幽深之感覺。此幅作品由於無作者款印，與巨然真跡《層岩叢樹圖》差別較大，故

▲ 圖 2-9　巨然《秋山問道圖》
立軸，絹本，墨筆，縱 156.2 釐米，橫 77.2 釐米，臺
北「故宮博物院」藏。

▲ 圖 2-10　巨然《山居圖》
　　立軸，絹本，墨筆，縱 67.5 釐米，橫 40.5 釐米，（日）大阪齋藤氏藏。

有人疑為他人所作。

《秋山問道圖》無款，以立幅構圖畫重重疊起的山巒，下部清澈的溪水，曲折的小路通向山中，山坳處茅舍數間，屋中有二人對坐，境界清幽，前人謂巨然之山水，善為煙嵐氣象。

《山居圖》畫去群山叢林溪流橋杓竹籬茅舍的山居景色，筆墨松秀粗放，莊重樸實，皴筆長而茁壯，其氣格清潤而骨體雄偉。

巨然工畫山水，師承董源，但風格不同於董源秀逸奇偉。擅畫江南煙嵐氣象和山川高曠的「淡墨輕嵐」之景。南唐後主降宋，隨至汴京（今河南開封），住開寶寺，在學士院繪《煙嵐曉景》壁畫，為時人稱讚。他的一個重要特點就是在林麓間點綴卵石，玲瓏剔透，清晰潤澤，仿佛剛被水沖刷過一般。他的畫風對後世江南山水派很有貢獻，是一位有創造性的藝術家，後人把他與董源並稱「董巨」，為五代、宋初南方山水畫的主要流派，對後世影響很大。

據史載，巨然「受業於本郡（指今江蘇南京）開元寺」（劉道醇《聖朝名畫評》）。大約在這個時期，巨然成為董源的門人。而後於北宋開寶八年（975），宋太祖趙匡胤滅南唐，後主李煜被擄往汴京（今河南開封）。南唐翰林圖畫院自然解體，不少畫院畫家被脅迫到汴京，在宋朝的翰林圖畫院裡供職，如徐熙之孫徐崇嗣、董羽等。巨然在這種情形下從建業來到京師，居開寶寺為僧。他畫名鵲起，曾為度支蔡員外作《故事》《山水》二軸，畫中「古峰峭拔，宛立風骨；又於林麓間多用卵石，如松柏草竹，交相掩映，旁分小徑，遠至幽墅，於野逸之景甚備」（劉道

醇《聖朝名畫評》），又在宋朝的最高文化機構學士院北壁上繪製壁畫，被當時的文人傳為美談，並賦詩頌之。巨然在北宋期間，為謀求在北方的藝術地位，不得不效法李成之作，如仿李成的寒林山水，在構圖和筆法上都略異於董源，但意趣仍是江南畫。巨然的畫藝不及董源廣博，專以山水為長。

巨然山水的構成，雖出自董源，但自成一格。以現存傳為巨然的山水畫為證，他喜作豎式構圖，可能是宋初北方山水畫多立軸的緣故。他的山水，於峰巒嶺竇之外，下至林麓之間，猶作卵石、松柏、疏筠、蔓草等。畫中幽溪細路，屈曲縈帶，竹籬茅舍，斷橋危棧，清爽宜人。這些表現內容與董源之作大體相近。不同的是巨然除了糅入了一些北方山水畫的構圖外，還在於其筆墨與董源相比，趨於粗放，多不作雲霧迷蒙之景，但畫中散發出濃重的濕潤之氣卻不亞於董源。巨然擅長用粗重的大墨點點苔，鮮明、疏朗，長披麻皴粗而密，筆法老辣、率意。

北宋《宣和畫譜》著錄了御府珍藏的一三六件巨然之作，幾乎都是山水，基本保留了董源的山水畫主題。現存的巨然畫跡全無名款。畫上署款，起於北宋，五代絕少，斷為巨然之筆，系因循舊說。作為巨然的畫風，《萬壑松風圖》軸、《秋山問道圖》軸與史載最為接近，兩者筆跡亦相去不遠，其次是《山居圖》軸。由於巨然的藝術活動地跨南北，畫風有異，在傳為巨然的山水畫中出現了兩類不同的畫風。其一是《層崖叢樹圖》軸、《蕭翼賺蘭亭圖》軸和《溪山蘭若圖》軸等。這些古畫在不同程度上摻雜了北方山水畫的造型、構圖及筆墨，可推演出巨然在北方的藝術面貌及其對北方傳人的影響。其二是《溪山圖》卷，仍然保

留了江南水墨山水的風韻。這兩類古畫，確定何者為巨然真本，尚缺直接的論證依據。但可以確信，多係宋代高手之筆，可作為宋代巨然傳派的代表之作。

第三節 ▸ 南方山水畫派在畫壇上的深遠影響

一、董源和巨然

　　南方山水畫派產生於五代十國時期，由南唐董源開創，巨然繼之，二人並稱「董巨」。北宋時期，北方山水畫派占主流地位，直至米芾、米友仁父子繼承並發展了南方派山水，與文人畫相融合。董源南方山水畫風與北方荊浩畫風形成鮮明對比，而且更符合文人士大夫的欣賞口味，米芾評為「格高無比」。黃公望尊董源為「山水之冠」。明代董其昌更奉為「天下第一」。南方山水畫派作為與北方山水畫派並峙中國山水畫壇的一大流派，對後世山水畫家產生了極大的影響。

　　唐朝末年正當北方戰亂頻仍，南方則戰事較少，政局穩定，人民生活安定，因而農業，商業和文化較為發達。特別是西蜀、南唐兩國經濟繁榮，生活富庶，形成金陵、成都兩地經濟文化中心，不少北方名流、畫家百工紛紛遷往這兩地，更是推動了這兩地經濟和文化的發展。正是在這樣的時代背景之下，南唐都城金陵成了南方山水畫派的發源地。特別是南唐歷代君臣都喜好文學藝術，中主李璟、後主李煜都是著名的詞人和畫家。這樣的社會大氣候給了畫家們觀察自然、體驗生活、觸發創作靈感的藝術氛

圍。

　　江南地域博大，雲巒平原，漁村河泊，氣候溫暖濕潤，林木蒼茂華滋。一年四季，春綠，夏茂，秋疏，冬瑟，陰晴雨雪，曉江夜月，民風淳樸。這如詩如畫的江南景色怎叫人不銷魂！作為山水畫家的董源，長期生活在這種環境，深受這種自然美的感染和薰陶是很自然的事，由此生發創作靈感，用筆墨和心靈描繪眼前的景，抒寫心中的情，從而在他的作品中出現了一片情景交融的江南風光。正是這樣的江南山水哺育了董源，孕育了董源開創的南方山水畫派。

　　南方山水畫派的代表人物董源生活在南唐和宋初，他和當時馳騁畫壇的李成、范寬同為當時著名的畫家。雖然董源入宋時間極短，但他的江南山水畫獨樹一幟，與李成、范寬並立當時畫壇。元代湯垕評論說：「迨于宋朝，董元（源）、李成、范寬三家鼎立，前無古人，後無來者，山水之格法始備。」（元·湯垕《畫鑒》）董源的山水畫是描繪江南山川，其山勢平緩，土石相間，墨點成樹，山間多雲氣，坡腳多碎石，沙岸重汀，一片江南景致，與北方畫家荊浩、關全、范寬的主山巍峨，下臨深谷，山形突兀絕然不同。董源所描繪江南山水，多用長短線條和雨點筆法表現山石，筆勢平和，在勾、點、簇的基礎上再用淡墨渲染，給人以溫潤、朦朧之感。他的山水畫皆反映了江南的自然特徵，具有強烈的藝術感染力。米芾概括他的山水畫特徵是：「峰巒出沒，雲霧顯晦，不裝巧趣，多得天真，嵐色鬱蒼，枝幹勁挺，咸有生意，溪橋漁浦，洲渚掩映，一片江南也。」（米芾《畫史》）董源長期體驗江南真山，並對之有真切感受。他運用高度概括的

手法，創造出一種「披麻皴」，用以表現江南山巒，成為江南山水畫派的重要技法，為後世畫家所推崇。

平淡天真是南方山水畫派的重要審美特徵。董源、巨然、米芾等人的繪畫皆追求平淡、天真、自然、清秀。這種特徵為南方山水畫家所共有。董源的作品中尤為明顯地體現了平淡天真的藝術特徵。如他的《瀟湘圖》卷、《夏山圖》卷、《夏景山口待渡圖》卷等作品，山巒迭起，叢林掩映，山遠水闊，漁浦人家……讓人感受到畫境之幽遠平淡，真情流露，不禁思緒萬千。米芾在其《畫史》中評說：「董源平淡天真多，唐無此品，在畢宏上。近世神品格高，無與比也。」

董源的山水畫主要是在繼承唐代李思訓和王維山水畫成就的基礎上，結合寫生創作，融匯自鑄而自成體系。他的山水畫作品經過一千多年的風雨變遷，大多數已經湮滅，流傳下來的僅有《溪岸圖》《龍袖驕民圖》《溪山行旅圖》《秋山行旅圖》《夏山圖》《瀟湘圖》等。這些作品除《龍袖驕民圖》是青綠山水外，其餘都是水墨淡色山水。我們今天可以通過這些傳世佳作，窺視到他開創南方山水畫派的藝術風采與偉大成就。

自董源山水崛起江南後，陣營愈來愈強，師法董源成風。巨然是繼董源而起南方山水畫派的又一巨匠。巨然的山水畫師法董源並自成一家，畫史上多有記載：「巨然師董源，今世多有本，嵐氣清潤，佈景得天真多。巨然少年時多作磯頭，老年平淡趣高。」（米芾《畫史》）董源與巨然作畫都追求平淡之趣，但董源平淡為主，巨然則以奇絕為主，也就是說巨然山水畫風格源於董源的「平淡天真，一片江南」而有所發展，在境界上發揚了董

源山水「不裝巧趣，皆得天真」的江南山水特徵。郭若虛在其《圖畫見聞志》卷四中評：「鍾陵僧巨然，工畫山水，筆墨秀潤，善為煙嵐氣象、山川高曠之景。」惲南田（壽平）亦在其《南田畫跋》中云：「巨然行筆如龍，若於尺幅中雷轟電激，其勢從半空擲筆而下，無跡可尋，但覺神氣森然洞目，不知其所以然也。」巨然山水畫中特出的磯頭，如《秋山問道圖》《萬壑松風圖》，可以在董源的《龍袖驕民圖》《瀟湘圖》卷中尋到祖痕；巨然畫山以長披麻顯其氣勢與風格，如《秋山問道圖》等，可以從董源的《溪山行旅圖》中找到其演變關係；巨然還喜用濃墨點苔法畫山，以示山巒層次和草木蔥蘢，如《山居圖》《溪山圖》卷等，可以在董源《瀟湘圖》卷中看出一脈相承的關係。

由於巨然與董源的藝術風格和特徵相近，都有很高的成就，又都以江南山水為題材，且生活和活躍在同一時期和地域，畫史上將他們並稱「董巨」。巨然的出現使董源的江南山水風格得以繼承和發展，南方山水畫派才能形成一種體系，被後世所師法、推崇，從而影響了千餘年的中國山水畫壇。

二、米氏父子對南方山水畫的推崇與發展

「董巨」兩位南唐山水大家及其開創的「南方山水畫派」，雖然在當時雄踞江南，與北方山水畫派並峙，但自北宋建朝之後百餘年間，完全是北方山水畫派的天下，直到米芾首先發現了董源、巨然山水畫的審美價值，反復稱道，給予極高的評價和讚賞。米芾與「董巨」有共同的審美情趣，更喜以江南煙雨雲山、林岡江村為題材，所以偏愛「董巨」，並極力推崇和宣導「董巨」

的南方畫派山水。

　　米芾是北宋著名的書畫家、鑒賞家和評論家，在世時深受皇家器重，藝術地位和聲譽很高。由於米芾極力推崇和宣導董源，使得董源在山水畫壇的地位愈來愈高。米芾畫法繼承董源、巨然，而又脫出「董巨」自成面目。董其昌評說：「米家父子宗『董巨』，刪其繁複。獨畫雲仍用李將軍勾筆，如伯駒、伯驌，欲自成一家，不得隨人去取故也。」又說：「（董源）作小樹，但只遠望之似樹，其實憑點綴以成形者，余謂此即米氏『落茄』之源委。」（明‧董其昌《畫禪室隨筆》卷二）米芾、米友仁父子以襄陽、潤州煙雨雲山為題材，創造了「落茄法」和「米氏雲山」，豐富、發展和壯大了以董巨為首的南方山水畫派，成為南方派的後起之秀。今存米氏父子畫跡稀少，但我們從傳為米芾畫跡的《溪山雨霽圖》卷及米友仁的《瀟湘奇觀圖》（圖 2-11）、《雲山墨戲圖》等卷可見「米氏雲山」的風采。

　　米芾、米友仁父子的「米氏雲山」亦極具平淡天真之美。米芾雖推崇並師法董源，但他一改董氏畫法，用抒情寫意性更強的「落茄法」來表現，旨在通過水墨洇潤，雲山朦朧的境界來抒發他們的胸臆。米芾也說自己的畫是「信筆作之，多煙雲掩映，樹石不取工細，意似便已」。米友仁自題《瀟湘奇觀圖》卷云：「余生平熟悉瀟湘奇觀，每於登臨佳處，輒複寫其真趣。」南方山水畫都是源於畫家對真山真水的體驗，融會了胸中情感，形之於筆墨，揮灑隨意，真率無奇，自然平淡，毫無雕鑿之氣。南方山水畫派是以江南自然山水為描寫對象，江南山巒平緩，連綿不絕，草木豐茂，煙嵐清潤，江水浩渺，境界遼闊。這些特徵決定了南

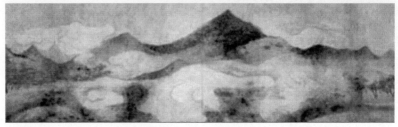

▲ 圖 2-11　米友仁《瀟湘奇觀圖》
長卷，紙本，縱 19.8 釐米，橫 289.5 釐米，北京故宮博物院藏。

方山水畫佈景平遠，景象遼闊，構圖多橫向展開，給人幽遠之感。董源的山水畫平遠幽深，其《瀟湘圖》是一幅典型的平遠山水圖卷，簡明遼闊，一片江南平淡無奇的水鄉景色。巨然山水佈景除具有平遠一面外，還具有高遠的特點。米氏父子在佈景上深得董源平遠之風。《瀟湘奇觀圖》卷乃米友仁根據真景所繪，雖不像董源那樣佈景曲折多變、刻畫精細，但米友仁大刀闊斧，僅幾開合，平遠之趣便溢於畫表。

　　《瀟湘奇觀圖》是米友仁山水畫的代表作品之一。圖繪江上雪山、雲霧變幻的奇境。圖開卷便是濃雲翻卷，遠山坡腳隱約可見，隨著雲氣的遊動變化，山形逐漸顯露，層迭起伏地展開，遠處峰巒終於出現在團團白雲中。中段主峰聳起，宛如鎮江一帶尖峰起伏之狀。林木疏密，表現遠近與層次，此段山水清晰，顯露

了真實。但末段一轉，山色又隱入淡遠之間，處處體現造化生機。作者用沒骨法取代了隋唐北宋以來的雙勾法，給人一種樹為「無根樹」的自然美形象，刷新了山水畫的形象和表現方式。這更讓觀者明白，原來「奇觀」之「奇」，在於奇景、奇情、奇境，更在於心源和手法之奇！

三、南方山水畫派對後世（元、明、清）山水畫家的影響

元代山水畫取得了輝煌的藝術成就，特別是湧現出一批聲名顯赫的山水畫大家，諸如趙孟頫、高克恭、黃公望、王蒙、倪瓚、吳鎮等。他們都是從董巨一派起家，在南方派諸家中求田問舍，建立自己的門戶，成為「董巨」一派的後裔。以趙孟頫的山水畫為例，其主要淵源於董源、巨然，脫去精勾密皴之習，參以唐人古簡之趣，以水墨為主，形成蒼古簡逸的風格，開元人之風。他的《鵲華秋色圖》正是其師承王維、董源一派而成己風的代表作。高克恭的山水畫以煙雨雲山著稱，構圖飽滿，煙嵐雄秀，青山白雲，茂林溪橋，在元代山水畫壇獨樹一幟。柳貫題高克恭的《雲林煙嶂圖》云：「房山老人初用二米法寫林巒煙雨，晚更出入董北苑，故為一代奇作。」（《柳待制文集》卷十九）董其昌亦曾在他的《畫旨》中對元四家的師承關係做過論述：「黃、倪、吳、王四大家，皆從董巨起家成名……」「倪雲林、黃子久、王叔明皆從北苑起家。」黃公望畫源於董巨，係南方山水畫之正宗，並對沈周、董其昌輩及清代南方諸派影響極大。倪瓚山水畫的面貌和形體雖不似董源，但一派江南平淡幽遠之藝術情致則與董源一脈相承。吳鎮山水畫受董源、巨然影響最深，我

們可以從他的《雙松平遠圖》《漁父圖》（圖 2-12）等作品中尋到其與董巨畫派的淵源關係。王蒙近師趙孟頫，遠宗「董巨」，並在「董巨」畫法的基礎上開啟發展了一種濃淡、粗細、乾濕、繁疏兼融一體的表現方法。

《漁父圖》取景於江南一帶水鄉。高樹兩棵聳立湖畔，樹下置一茅棚，有小徑穿越敞棚可達湖邊，湖沿蒲草萋萋，隨風搖拂，對江平沙曲岸，遠岫遙岑，更遠處一巒秀起，山色入湖，扁舟一葉，水波漣漪之中，生動地描繪出「放歌蕩漾蘆花風」的情意。筆法圓潤，意境幽深。畫風師法巨然而又有變化。此圖是吳鎮六十三歲時的作品，已形成其代表性的風格，是一幀風情閒逸、清光宜人的佳作。

明代師法董源、巨然及「元四家」的畫派有吳門派、

▲ 圖 2-12　吳鎮《漁父圖》
立軸，絹本水墨，縱 176.1 釐米，橫 95.6 釐米，臺北「故宮博物院」藏。

松江派等。以沈周和他的學生文徵明為中堅的吳門派乃南方派及文人派的正統；以董其昌為首的松江派亦師法「董巨」和元人，尤崇尚黃子久，係南方派嫡傳。「明四大家」及其追隨者皆以董源、巨然及其畫派傳人為宗，使得南方山水畫派成為明代山水畫的主流，並波及清代和近現代。清代山水畫壇空前盛大，名家紛出，流派繁雜，尤其是清初一批具有革新精神的山水畫家，在理論和實踐上都將傳統山水畫推向一個新的高峰。無論保守派還是創新派，他們都崇尚南方山水畫派，走的都是「董巨」「元四家」、沈周、董其昌這一脈系。到了清代，幾乎形成南方山水畫派一統天下的局面。由山水畫的發展脈絡可見，以「董巨」開創的南方山水畫風對後世的影響是十分深遠的。

第四節 ▶ 黃家富貴徐　熙野逸

一、徐黃異體

　　徐熙作為江西人，他和他的後代子孫以及嫡傳弟子在畫史上的地位，有必要單獨設立一節，來講述畫史上著名的藝術特色：「黃家富貴，徐熙野逸。」

　　「黃家富貴」「徐熙野逸」是指以五代時期西蜀的黃筌父子及南唐的徐熙為代表的兩種花鳥畫風，即畫史上常常並稱的「徐（熙）黃（筌）異體」，這兩種畫風對於後世花鳥畫的發展有很大影響。從五代開始，歷史上開始出現了集中的宮廷繪畫群體和畫院制度。這個群體往往回應皇家的品位，甚至因為某個皇帝的

偏好而形成特殊的畫風。由於「安史之亂」及唐朝末年社會動盪，唐玄宗和唐僖宗先後逃難入蜀，把宮廷文化帶入四川，影響了西蜀宮廷的畫風。偏安西蜀的宮廷中花鳥畫迅速發展起來並形成了一種精緻華麗的「黃家富貴」樣式。其中代表性的畫家黃筌是宮廷的御用畫家，其畫多取材於宮廷的瑞鳥珍禽、名花奇石。先用極細的墨線勾勒出輪廓，然後墨染、賦彩，筆法工整色彩細膩濃豔。寫生水準極高，造型準確，幾欲亂真。沈括在《夢溪筆談》中評論黃氏風格「妙在賦色，用筆極新細，殆不見墨蹟，但以輕色染成，謂之寫生」（沈括《夢溪筆談》卷十七）。現存《寫生珍禽圖》（圖 2-13）可以代表當時黃氏畫風。此畫風盛行一時，但隨著西蜀的滅亡，北宋融合西蜀、南唐的藝術而形成了一種新的審美。崔白的出現打破了黃氏精細一路風格，於是花鳥畫壇上始終存在著「精麗」「野逸」兩種迥然不同的畫風。

《寫生珍禽圖》為黃筌傳世的重要作品。畫家用細密的線條和濃麗的色彩描繪了大自然中的眾多生靈，在尺幅不大的絹素上畫了昆蟲、鳥雀及龜類共二十四隻，均以細勁的線條畫出輪廓，然後賦以色彩。這些動物造型準確、嚴謹，特徵鮮明。鳥雀或靜立，或展翅，或滑翔，動作各異，生動活潑；昆蟲有大有小，小的雖僅似豆粒，卻刻畫得十分精細，鬚爪畢現，雙翅呈透明狀，鮮活如生；兩隻烏龜是以側上方俯視的角度進行描繪，前後的透視關係準確精到，顯示了作者嫻熟的造型能力和精湛的筆墨技巧，令人讚歎不已。

畫幅的左下角有一行小字「付子居寶習」，由此可知，這幅《寫生珍禽圖》只是作者為創作而收集的素材，是交給其子黃居

寶臨摹練習用的一幅稿本。僅從這幅稿本上即可瞭解黃筌的作品之精妙，可以想像到黃氏其他作品的巨大魅力。正由於黃筌長期不懈地細緻觀察並堅持寫生，經過不斷的磨煉，才能獲得如此成功，並成為一個畫派的開創者。

宋代的郭若虛在《圖畫見聞志》中論「黃家富貴，徐熙野逸。不唯各言其志，蓋亦耳目所習，得之於心而應之於手也」。徐熙是「江南處士」，所見無非江湖間汀花、野竹、水鳥、淵魚或者園蔬藥苗之類；黃筌年少即入宮中畫院，長期見到的是禁中奇花怪石、珍禽異獸。居住環境不同，生活感受各異，意趣也大相徑庭，所以取材側重不同，呈現出的藝術風格亦各成一家。

二、徐熙畫派在畫史上的地位

徐熙與黃筌同為五代至北宋初年的兩位花鳥畫家但兩者的畫

▲ 圖 2-13　黃筌《寫生珍禽圖》
絹本設色，縱 41.5 釐米，橫 70 釐米，北京故宮博物院藏。

風各異，在後世畫壇的影響也迥然有異。在西蜀的宮廷中，黃筌以工致富麗的畫風成為時人效法的楷模，而徐熙「野逸」的畫法卻被冷落一旁，不被時人所重；雖然南唐李後主「愛重其跡」，但在北宋的百年間莫不以黃筌父子的畫風作為宮廷畫院花鳥畫的標準。然而從北宋初年開始，人們對徐熙畫風的定位卻起了微妙的變化，這種變化是宋人對自然的體悟在藝術創作中的延伸，是對大自然的神往在藝術創作中的張揚。宋人的這種藝術創作中追尋妙合天成、契入造化的自然觀使得徐熙畫法獲得了被重新認識和推崇的機遇。

在宋人眼裡，藝術的目的之一是「默契造化，與道同機」。被稱為「落墨為格，雜彩副之」的徐熙畫法在北宋中後期的繪畫理論著作中逐漸得到了高度的讚譽，以至於在北宋中後期的許多工筆花鳥作品中能看到對徐熙畫法的借鑒，這並非一日之功，而是徐熙清新自然的畫風打動了宋人，漸漸與宋人內心的自然觀產生了相應的共鳴。

劉道醇《聖朝名畫評·花卉翎毛門》中講到徐熙時，記載了一樁史實：「太宗因閱圖畫，見熙畫《石榴》一本帶百餘實，嗟異久之。上曰：『花果之妙，吾知獨有徐熙矣。其餘不足觀也。』遍示群臣，俾為標準。」徐熙的作品之所以能打動太宗，一方面是文中所說：「寫意出古人之外……絕有生意」，那是構思立意的合乎自然產生了默契；另一方面是徐熙所用沒骨法而使畫面產生的絕有生意的效果，撥動了觀者合於自然的心弦。太宗這一提倡，是對徐熙畫法的推崇和肯定。從技法角度講，也使宋人工筆花鳥畫從原本對徐熙沒骨法的完全排斥而另闢蹊徑，為整個時代

風格在技法上的博採眾長提供了機遇。徐熙畫法獲得太宗的賞識，是生命內在精神與自然之氣韻在觀者內心產生的認同，而作品中的「絕有生意」，就不再是僅限於觀者對表現物件形似的讚歎，而是表現物件合天造之意，合自然之意，非人工巧飾所能成，是一種寫天地造物自然之靈性的悠悠之氣。這種自然之氣已化成一股力量，在中國的文人藝術家的內心世界中潛藏，它或許不被處處驚覺，卻時時會昭示、引導著文人藝術家的藝術創作之路。

宋人工筆花鳥畫的許多作品都借用過徐熙所創的沒骨法，如宋人團扇《枇杷山鳥圖》（圖 2-14）等，成為宋人工筆花鳥畫中表現物象的重要技法之一。在立意與意境追求中，宋代中期以後，徐熙畫風進一步得到了肯定。董逌在《廣川畫跋書徐熙牡丹圖》中說：「世之評畫者曰：妙於生意能不失真如此矣，是能盡其技。」所謂自然，則曰：「觀天地生物，特一氣運化爾。其功用秘移，與物有宜，莫知為之者，故能成於自然。」合於自然的畫境成為徐熙畫風最為突出的特色，這一特色也是宋人為之傾心和崇尚的

▲ 圖 2-14　佚名《枇杷山鳥圖》
絹本設色，縱 26.9 釐米，橫 27.2 釐米，北京故宮博物院藏。

最重要的原因。這種自然之境是藝術家的慧眼合於天地之妙心，畫中不拘眼前物象外在形似之表現，只見表現物件的形是表現物件的外在特徵，是自然中的現象之理，而精神和氣韻是大自然中本體之理，對自然之本體的追求是藝術追求的本質。宋代工筆花鳥畫在技法上不斷精煉，和對不同表現語彙的借鑒和融會，使得宋代工筆花鳥畫達到了登峰造極的藝術境地。

《枇杷山島圖》繪江南五月，成熟的枇杷果在夏日的光照下分外誘人。一隻繡眼翹尾引頸棲於枇杷枝上正欲啄食果實，卻發現其上有一隻螞蟻，便回喙定睛端詳，神情十分生動有趣。

枇枝仿佛隨著繡眼的動作重心失衡而上下顫動，畫面靜中有動，妙趣橫生。繡眼的羽毛先以色、墨暈染，隨後以工細而不板滯的小筆觸根根刻畫，表現出鳥兒背羽堅密光滑、腹毛蓬鬆柔軟的不同質感。

枇杷果以土黃色線勾輪廓，繼而填入金黃色，最後以赭色繪臍，三種不同的暖色水乳交融，從而展現出枇杷果成熟期的豐滿甜美。

枇杷葉用筆以工整細膩的重彩法表現，不僅如實地刻畫出葉面反轉向背的各種自然形貌，且將葉面被蟲兒叮咬的殘損痕跡亦勾描暈染得一絲不苟，充分反映了宋代花鳥畫在寫實方面所達到的藝術水準。

北宋前期院體花鳥畫沿用黃筌父子的畫法，勾線隱於色間，賦色細膩、濃麗，《宣和畫譜》記載了黃筌的師承關係：「筌資諸家之善而兼有之，花竹師滕昌佑，鳥雀師於刁光胤……鶴師薛稷。」而刁、滕畫法都是唐代晚期以來流行的畫法，所謂「厚施

▲ 圖 2-15　黃居寀《山禽棘雀圖》
　　絹本設色，縱 97 釐米，橫 53.6 釐米，臺北故宮博物院藏。

色彩，崇尚逼真」。

沈括在《夢溪筆談》中說黃筌畫法「妙在賦色，用筆極細膩」。以他留存的作品《寫生珍禽圖》中的勾線較細，而其子黃居寀《山禽棘雀圖》（圖 2-15）勾線的提按頓挫已較黃筌鮮明強烈，但色彩仍是濃豔富麗一路。「黃氏體制」在北宋已沿用了近百年，部分弟子學人墨守成規，刻意求工，一些作品已漸趨走向僵化道路。

《山禽棘雀圖》描寫晚秋時節的溪邊小景。近景的溪邊幾塊石頭顯得突出，整個景色顯得荒寒蕭疏，但飛鳴、棲息於荊棘叢上的幾隻雀鳥，則為畫面增添了不少生機和活躍的氣氛。此畫不像單純的山水畫，也不像單純的花鳥畫，而是兼有二者的特色，巧妙而自然地將二者融合在一起。荊棘、竹葉均用墨筆雙勾，岩石、山鷓、雀鳥及荊棘、竹葉等的設色濃重豔麗。

此幅中景物有動有靜，配合得宜。像山鷓跳到石上，伸頸欲飲溪水的神態，就十分生動。另麻雀或飛，或鳴，或俯視下方，是動的一面；而細竹、鳳尾蕨和近景兩叢野草，有的朝左，有的朝右，表現出無風時意態舒展的姿態，則都予人從容不迫和寧靜的感覺。下方的大石上，山鷓的身體從喙尖到尾端，幾乎橫貫整個畫幅。背景則以巨石土坡，搭配麻雀、荊棘、蕨竹，佈滿了整個畫面。畫的重心在於畫幅的中間位置，形成近於北宋山水畫中軸線的構圖方式。而具有圖案意味的佈局，有著裝飾的效果，顯示作者有意呈現唐代花鳥畫古拙而華美的遺意。

對徐熙畫法的推崇為宋代工筆花鳥畫的變革——「崔白、吳元瑜出其格為之一變」埋下了伏筆。徐熙畫法據《宣和畫譜》記

載：「且今之畫花者，往往以色暈淡而成，獨熙落墨以寫其枝、葉、蕊、萼，然後傅色。」徐熙自稱：「落筆之際，未嘗以傅色暈淡細碎為功。」從徐熙所傳《雪竹圖》看，全圖以墨勾畫而成，獨具匠心，枝葉意態橫生。其畫竹節結構清晰：黑白相映；竹葉用細筆勾描，正反向背，各逞其勢。地坡略勾輪廓，用墨暈染法表現積雪。畫面左邊以枯樹殘葉點綴，反襯出雪竹崢嶸勁節的風骨。全圖將多種筆勢與墨色融為一體，展現了疏放而精微的寫實風格，筆墨的整體控制能力之高，令人歎絕。意境清幽超拔，全然脫落塵俗之氣，為世間所稀有。徐熙的畫法，在潑墨揮灑的大寫意技法尚未成型的時期出現，是一種重大的創新，不受拘束，以墨為主，以色為輔，色不掩墨，交相生輝，又明顯有別於後世的小寫意。徐熙畫法，自然而有生意，逐漸成為宋人品評畫家的一個準繩。宋人把徐熙畫風奉為藝術之高境的典範，並把許多名家與徐熙畫風做比較，以此來突出徐熙畫風在宋人心目中的地位，足見宋人對徐熙畫法的重視和推崇。與自然的親和融會是徐熙畫風被宋代文人藝術家折服的根本原因。自然之理體、神韻就是藝術家創作的永恆主題。宋人從技法的角度對徐熙畫法進行了分析，獲得了妙契自然的技法手段，從而豐富了宋代工筆花鳥畫的技法經驗。

　　沈括曾分析黃筌、徐熙畫法，得出徐熙畫法「神氣迥出，別有生意」的結論。董逌又將徐熙畫花與趙昌相比，得出「趙昌畫花，妙於設色，比熙畫更無生理，殆若女紅繡屏障者」（宋・董逌《廣川畫跋》）的論斷。在《宣和畫譜》記載中，趙昌被稱為「真與花傳神」，自號「寫生趙昌」，也稱得上是宋代工筆花鳥畫

家中的一位大家，而比之徐熙，卻如同「女紅繡屏障」，這一句過於貶低趙昌，從兩位元留存的作品來看，趙昌《寫生蛺蝶圖》（圖 2-16）勾線幾乎筆筆到位，物象暈染而成，徐熙之畫則看不到勾線，暈染與寫意結合。徐熙之畫的「生意」不僅是技法運用的靈動之氣，同時更是包含著對物象生長規律的獨到表現。宋人已看到了純粹從「黃筌體制」般的工筆花鳥畫法的局限性，因而沒骨法這種不拘泥古法又自然生動的表現形式一經提倡，便成為工筆花鳥畫家們表現自然的重要創作手段。

　　《寫生蛺蝶圖》是一幅描寫秋天野外風物的寫生畫。在構圖佈局上，畫家有意在畫面上方留下很大的空白，景物多集中在畫面的下部。將野菊、霜葉、荊棘和偃伏的蘆葦等，佈置得錯落有致。在晴空中有三隻美麗的彩蝶正在翩翩飛舞，一隻蚱蜢正在向上觀望。整幅畫把秋日原野的高曠清新、風物宜人的景色，描繪得十分動人。作品用筆遒勁，逼真傳神，設色清麗典雅，清勁秀逸。花卉用筆簡率，變化自然。雙鉤、暈染繪近處花卉的陰陽向背。蚱蜢和蝴蝶，用筆十分精確，微染出不同質感。畫面有一種純淨、平和、秀雅的意境和格調。

▲ 圖 2-16　趙昌《寫生蛺蝶圖》
　　紙本設色，縱 27.7 釐米，橫 91 釐米，北京故宮博物院藏。

對徐熙畫法的肯定，其實質是宋代文人藝術家們對自然回歸心理的體現，是對自然生命本體的再認識融於藝術思致的體現。在文人士大夫，文壇、畫壇的領軍人物的推崇下，徐熙放逸不拘、清新脫俗的畫風，妙與自然相應的格調和意境，在曾是「黃筌體制」一統天下的宋代工筆花鳥畫壇中，在宋代藝術家的繪畫實踐中悄然興起，也為以崔白為代表的新花鳥畫風的出現發出了新聲。

　　在中國工筆花鳥畫壇上，從五代的「徐黃異體」一變，至宋代崔白、吳元瑜一變，這其中對徐熙畫風的認識和價值定位，起到了非常重要的作用，而究其本源是宋代文人藝術家回歸自然理念的重新覺醒，宋代藝術家那種「冥於造化，意通天地」的自然觀，使得徐熙畫風在塵封了近百年之後，又被重新發掘。宋人評徐熙之畫時發出由衷的讚歎：「骨氣風神，為古今之絕筆。」（宋・佚名《宣和畫譜》）徐熙畫法的重新定位和推崇，在技法上為漸趨模式化的宋代工筆花鳥畫注入了新的活力。

宋代畫壇及江西畫家概述

　　宋代是文化發展繁榮期，繪事發展到兩宋，有很大變化，其中之一就是設立「翰林圖畫院」。宋代的畫院，對推動繪事的發展，功不可沒。之二就是宋代皇帝乃至於皇室都十分重視繪事，許多皇室成員包括皇帝本人都是著名畫家和繪畫評論家。繪事作為一門專門的學科——「畫學」正式納入科舉考試中。可見宋代對繪事十分重視。

　　「北宋繼承了五代西蜀、南唐的舊制，在王朝建立的初期，即在宮廷中設立了『翰林圖畫院』。宋代的畫院，對於宋代的繪畫發展起著一定的推動作用。當時的畫院不但是全國的大規模的繪畫創作中心，許多重要的繪畫創作，都是圍繞著畫院而進行的。」[1]

　　宋代繪事興盛有目共睹。山水、花鳥、人物乃至於佛像畫都有驚人的表現。北宋的山水畫、花鳥畫、人物畫等又都有不同程度的發展。李成、范寬、徐崇嗣、徐崇矩、王靄、高益等是當時

1　楊仁愷主編：《中國書畫》，上海古籍出版社 2001 年版。

赫赫有名的繪畫大師。江西畫壇當然也是人才輩出。在江西畫壇
活躍的重要畫家有畫龍的陳容和以畫梅著稱的楊無咎。

王庭鈺（生卒年不詳），字良仲，廣信（今江西上饒）人。
以畫龍著稱，相傳他在泛彭蠡時曾經有龍現身，和墨龍的感覺很
像，這才明白了畫龍的訣竅。（《揭文安公集》）

宋永年（生卒年不詳），臨江（今江西清江）人，後來定居
金陵（今南京）。擅長畫梅。（元·夏文彥《圖繪寶鑒》卷四）

徐友（生卒年不詳），吉州（今江西吉安）人。他曾經在太
平寺壁，畫清濟貫河圖，一筆紆遠長數十丈不斷，卻立而觀，濤
瀾洶湧，目為之眩。仰首近之，凜然若飛流之濺於面，筆法甚為
老練。後來因為戰火，寺廟化為灰燼，唯此殿巍然獨存。一百年
後，楊萬里路過該寺，寫下了《太平寺水》詩，稱「徐生絕筆今
百年，祖師相傳妙天下」（《楊萬里詩文集》卷十）。《武進縣誌》
《梁溪漫稿》《畫鑒》也有記載。

連鼇（生卒年不詳），字仲舉，吉州（今江西吉安）人。《欽
定四庫全書·畫繼》卷三、元·夏文彥《圖繪寶鑒》卷四均記
載：連鼇，字仲舉，吉州人。自號石台居士。精於長短句，工畫
魚，幾于徐白，紹興間人。

陳陽（生卒年不詳），江西人，他經常往來臨川（今江西撫
州）、建昌（今江西南城）二郡。嗜酒，行為放逸，他畫的木石
清峭奇古，多用黃心皮木作畫，不用筆。他曾感歎道：「解畫無
根樹，能描似病人。」作大樹浮生石上，有萬牛不拔之氣。蘇軾
說蔡規學畫於陳陽而過之，有人認為這是錯的，因為蔡規怎能比

得上陳陽的一點皮毛。

楊安道（生卒年不詳），江西九江人，善於畫山水、人物，師於范寬，只是他用焦墨太重。（《畫史會要》）元·夏文彥《圖繪寶鑑》卷三亦稱：楊安道「學范寬山水，用焦墨太重耳」。

趙子雲（生卒年不詳），江西人。擅長畫人物，能作一筆劃，畫人臉和手的時候十分精細，至衣褶則如草符篆。元·夏文彥《圖繪寶鑑》卷四稱：「趙子雲，江西人。能作一筆劃，凡寫人面及手，描畫頗工，至衣褶則如草符篆，一筆而就，蓋不欲蹈襲，自成一家爾。」

劉延世（生卒年不詳），字玉孟，號迷之，臨江新喻（今江西新余）人。《欽定四庫全書·畫繼》卷三記載：「劉延世公是，先生之猶子也。少有盛名，元祐初，遊太學，不得志，築堂講業，名曰抱甕。嘗作墨竹題詩云：酷愛此君心，常將墨點真。毫端雖在手，難寫淡精神。」《宋詩紀事》《圖繪寶鑑》亦有記載。

劉夢良（生卒年不詳），他與楊無咎是老鄉，也善於畫墨梅，屬於楊無咎的流派。（《南昌府志》）

德止（生卒年不詳），僧人，號清穀，江西人。擅長寫文章，也擅長書畫，尤其擅長寫正書。嘗畫廬山尋真觀二壁，朱熹題其上。元·夏文彥《圖繪寶鑑》卷四：「僧德止，號清穀。工畫，嘗畫廬山尋真觀二壁，朱文公題其上。」《書史會要》《畫史會要》亦有記載。

蔡規（生卒年不詳），建昌軍（今江西南城）人。謝無逸觀賞他畫的山水，有「蔡生老江南，山水涵眼界。揮灑若無心，筆端出萬怪」（宋·鄧椿《畫繼》卷五）之句。

丁野堂（生卒年不詳），《歷代畫史匯傳》誤作丁野雲，道士。姓名不詳，住在廬山（今江西廬山）清虛觀。擅長畫梅竹，理宗召見他，問：「卿家你畫的梅，恐怕並非宮中的梅吧？」丁野雲答道：「卑臣看見的只是江渚小路上燦漫的野梅而已。」於是就自號為野堂。（《圖繪寶鑒》卷四《冬心題跋》）

陳容（生卒年不詳），南宋畫家。字公儲，號所翁，福唐（今福建福清）人，《金溪縣誌》作臨川（今屬江西）人。他是理宗端平二年（1235）的進士，曾做過國子監主簿，出守莆田。他的詩文豪壯，善於畫龍，「深得變化之意。潑墨成雲，水成霧」（《畫鑒》）。喝醉酒後他大聲叫嚷，脫下頭巾沾墨，信手塗抹，然後再用筆成之，有時畫全體，有時畫一爪一首，隱約不可名狀，仿佛是不經意間而得，非常神妙。寶祐年間（1253-1258）他名重一時，年老以後他的筆力簡易精妙，絳色者可並董羽。還有很多贗品傳世。他畫松竹，自稱學柳公權「鐵鉤鎖」技法；偶爾也畫虎，鉤染斑毛極工細。傳世作品有《九龍圖》卷（圖2-17），現藏美國波士頓博物館。弟（一說侄）珩，字行用，號此山，亦善畫龍水，其水墨枯荷折葦、蟲魚蚧鵲，很有生意，聲譽不亞于陳容。有《荷葉戲魚圖》《蚧圖》等十八件，著錄於《繪事備考》。

《雲龍圖》是一幅足以代表陳容藝術風格的佳作。畫中繪有一氣勢非凡、騰空飛躍的巨龍，其淩厲的龍爪，飛揚的龍鬚，突兀的眼睛，鋒利的牙齒，粗壯強勁的軀體，無不揭示了這是一條充滿力量和超凡脫俗的龍。畫上有畫家自題：「扶河漢，觸華嵩。普厥施，收成功。騎元氣，遊太空。所翁作。」畫上鈐有幾

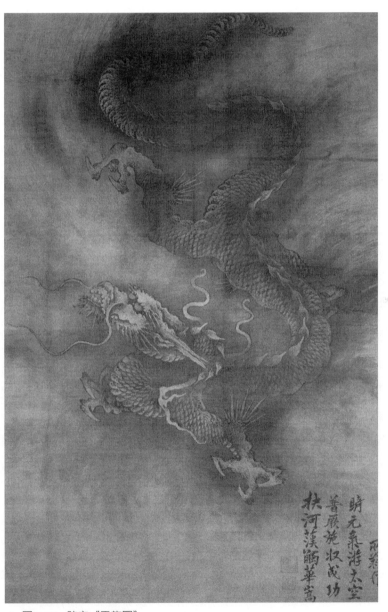

▲ 圖 2-17　陳容《雲龍圖》
　絹本水墨，縱 201.5 釐米，橫 130.5 釐米，廣東省博物館藏。

方收藏印章。

　　楊無咎（1097-1169），南宋畫家。「楊」一作「揚」，無咎自稱是漢代蜀郡草玄（揚雄）後裔，故其書姓，從「扌」不從「木」。字補之，號逃禪老人、清夷長者，清江（今江西樟樹）人，寓豫章（今江西南昌）。紹興年間（1131-1162），不滿高宗趙構與秦檜的對外妥協苟安，朝廷屢征其為官，堅決不就任。善於書法，學歐陽詢，筆勢勁利，詩詞俱工。他還能畫水墨人物，師法李公麟，擅水墨梅、竹、松、石、水仙，以畫梅最著稱，尤其擅長畫巨幅的梅花。庭中植有梅樹，「大如數間屋，蒼皮醉斑，繁花如簇」。他不斷觀賞臨摹，得「籬邊月下，疏景橫斜」的神態，創制用墨線圈出花瓣，一變以彩色或墨暈作花的技法，「變黑為白」，更適宜於表現疏香淡色的梅花特性。其「孤標雅韻」之畫風，與其傲兀耿介之品格有關。相傳徽宗曾見其畫梅，笑謂是鄉村中梅花，他便稱「奉敕村梅」。所作「疏枝冷葉，清意逼人」，和當時畫院中盛行的富麗華貴的「宮梅」繪法不同，對後世影響甚大。《畫繼》卷三、《圖繪寶鑒》卷四均有記載。侄揚季衡、甥湯正仲，徒劉夢良等得其法。和他同時的趙孟堅畫白描水仙，多少也受他啟發。傳世作品有《四梅圖（畫未開、欲開、盛開、將殘四種）》（圖 2-18、圖 2-19、圖 2-20、圖 2-21）、《雪梅圖》等，《雪梅圖》現藏故宮博物院。

　　《四梅圖》分四段，畫梅花含苞、待放、盛開和殘敗的變化過程。含苞：畫嫩枝尚未疏張，枝頭已著花蕾，預報花期將臨；待放：疏展的枝幹，已經有少許含苞初綻；盛開：舊枝新條上的朵朵繁花，已經盡情開放，香氣襲人；最後殘敗一段，表現殘萼

敗蕊，隨風飄散，頗有美人遲暮之情。作者的墨梅，一改彩染或墨暈花瓣之法，為墨筆圈線，氣韻清爽不凡，韻致高遠。既不同於描粉縷金的院派，又不同於逸筆草草的逸體。墨韻高華，清意逼人。

▲ 圖 2-18　楊無咎《四梅圖》之一

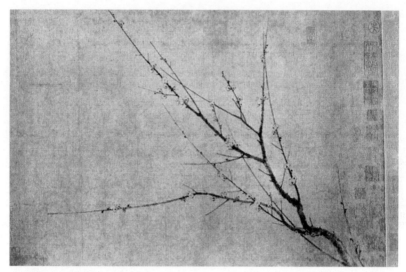

▲ 圖 2-19　楊無咎《四梅圖》之二

　▲ 圖 2-20　楊無咎《四梅圖》之三

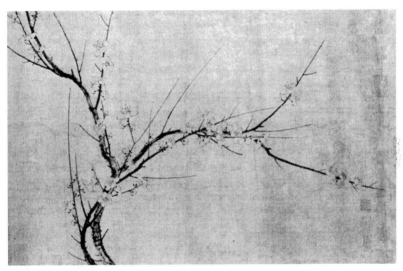

▲ 圖 2-21　楊無咎《四梅圖》之四
　　長卷，紙本墨筆，縱 37.2 釐米橫 358.8 釐米，北京故宮博物院藏。

元代和明代畫壇及江西畫家概述

第一節 ▶ 元代畫壇及江西畫家概述

在元代畫史上，繪畫具有獨特性，比如文人畫的興起及梅蘭竹菊成為主要繪畫題材等情況，但元代朝代較短，江西畫家除方從義外，沒有具有代表性的人物，因和明代合併敘述。

元代繪畫除了在繼承唐、五代和宋繪畫傳統外，一些文人士大夫以書畫寄興，在繪事上有很大的創造和發展。此間最耀眼的就是文人畫的興起。

「文人畫的基本特徵表現在異常突出的繪畫作品的文學性和對於筆墨的強調，重視繪畫中的書法趣味和詩、書、畫的進一步結合。體現了中國畫又一次創造性發展。」[1]人物畫相對減少，山水、枯木竹石、梅、蘭等成為主要題材。

「元代山水畫與前代的主要分野，總的來說，前代山水畫特別強調山水的內在結構和韻律；而元代山水畫則往往把它當成移情寄興的手段，藉以表現畫家的自我人格和個性。這種不同，直

---

1 楊仁愷主編：《中國書畫》，上海古籍出版社 2001 年版。

接影響了元代山水畫的筆墨技巧和時代風格，而這種風格，更加完善了中國山水畫的表現技法，它是在中國山水畫發展歷程中的一大創造。」江西畫壇亦不能脫離畫壇的主流，一些江西籍的文人士大夫投身其間，讓江西畫壇光芒燦爛。

元代知名江西籍畫家方從義的繪畫中就能體現這種時代精神。

王勝甫（生卒年不詳），婺源（今江西婺源）人。擅長畫傳神的肖像畫。（《陳定宇先生集》）

周愚（生卒年不詳），道士。字蘊古，居住龍虎山（在今江西貴溪）。善於畫龍。（《俟庵集》）

桂梓（生卒年不詳），字材甫，饒州安仁縣（今江西餘江）人。他小時候非常機敏，不和一般的小孩兒玩耍，精通字畫。作有《俟庵集》。

陳仲仁（生卒年不詳），江右（今江西）人，一說為陳琳的弟弟。曾經做過陽城主簿、湖州安定書院山長。他擅長畫山水、人物、花鳥，精通畫理。趙孟頫十分器重他，見到他寫生的花鳥，曾感歎道：「雖黃筌復生，亦複爾爾。」他的畫作有《高山望雲圖》《武夷九曲圖》《載酒問奇圖》《吐綬鳥圖》《芍藥圖》等三十七件，著錄於《繪事備考》卷七。傳世作品有《江山漁笛圖》軸，紙本水墨山水，用墨渲暈，有方從義的妙趣；《百祥圖》（圖 2-22）為絹本設色花卉畫，和《山水圖》（圖 2-23）均圖錄於《故宮書畫集》。

《百祥圖》以百羊為題，「羊」即「祥」也，自古即被視為

▲ 圖 2-22　陳仲仁《百祥圖》
　　縱 122.2 釐米，橫 84.3 釐米，臺北故宮博物院藏。

▲ 圖 2-23　陳仲仁《山水圖》
　　縱 36.9 釐米，橫 27.1 釐米，臺北「故宮博物院」藏。

吉利祥瑞之象徵。畫中岡巒起伏，並以松、竹、梅（歲寒三友）點綴其間，三童子衣著華麗，配飾精美。畫家以精謹筆法，處理細節，如人物、羊隻之表現方式，實與一般開泰、嬰戲圖相當近似。

《山水圖》繪江湖平遠小景，湖莊臨岸，垂柳拂溪，堤坡綠樹成蔭，境界幽美恬靜。幽靜的環境，鬱蔥的山川，清潤的氣息。用筆質樸，墨色融和，形成自然、樸實、細謹的格調，充分反映畫家表現客觀美景的心態。

維翰，僧人。字古清，江右（今江西）人。善於畫龍，師法陳容。（《圖繪寶鑑補遺》）

方從義（約 1302-1393），元代畫家。他是上清宮的道士。字無隅，號方壺、不芒道人、金門羽客、鬼谷山人，貴溪（今屬江西）人。信奉正一道。擅畫雲山墨戲，筆致跌宕，意境蒼茫，頗得董（源）巨（然）二米（米芾、米友仁）遺韻，在元四家外，與高克恭齊名。黃公望稱其「高曠清遠，深入荊（浩）關（仝）堂奧」。其作品不輕易與人，以禮求，始出一二。能詩

▲ 圖 2-24　方從義《高高亭圖》
縱 61.9 釐米，橫 27.9 釐米，
臺北「故宮博物院」藏。

文，並工古篆、隸書、章草。《圖繪寶鑒》卷五、《無聲史詩》卷一均有記載。傳世作品有《雲山深處圖》卷，藏上海博物館，《高高亭圖》（圖 2-24）軸，紙本，墨筆畫高坡叢樹，一亭二峰出於白雲之上，筆極沉著恣肆，是「醉後縱筆」之作，圖錄於《故宮書畫集》；至正二十年（1360）作《太白嚨漱圖》軸，現藏日本大阪市立美術館；二十五年作《神岳瓊林圖》軸（圖 2-25），明洪武八年（1375）作《山陰雲雪圖》軸（圖 2-26），《崇岡獨眺圖》，均圖錄於《中國名畫寶鑒》。

方從義曾在一三四三年到北方遊歷，他不只結交許多高官文士，在其間獲得名聲，更飽覽各地名

▲ 圖 2-25　方從義《神岳瓊林圖》縱 120.3 釐米，橫 55.7 釐米，臺北「故宮博物院藏」。

山勝景，使他胸襟開闊，落筆不凡。同時代人對其畫技，皆以蕭散非世人所能及，明代畫評家王世貞論其畫與高克恭、倪瓚等人同列為「品之逸者也」。如此幅鉤雲點苔，隨意不羈，風格簡逸，而山川精氣更在水墨精微中見出，體現元代道士借山水追求清靜自然、心靈解脫之哲學，用筆草草，意境無窮。方從義亦以隸書和草書聞名，本幅以隸書題「高高亭圖」四字，筆意縱逸高古，款識則以草書為之。以濕筆點刷山峰、樹木，全不見皴痕，白雲回繞，更添山勢之高聳。以筆墨濃淡製造出山壁。

《神岳瓊林圖》是方從義傳世作品中較大的一幅。紙本淺設色。圖的上方群峰高聳，山下則溪流委婉，小橋連岸，雜樹茂密，村舍隱現。層疊而上的山峰，皴以長披麻皴，圓厚流暢，猶董、巨法，而山石上密集的苔點及叢樹的密密點葉，則透現米氏遺韻，但已見乾筆，點中帶擦，更現蒼莽。與同時代的王蒙晚年的連勾帶皴、帶點、帶擦，異曲而同工。圖中山石用淡墨層層積染，墨氣厚重而質感極強。元畫的紙本「乾筆皴擦」的筆墨特色，在圖中得以酣暢淋漓地展現。而方從義用筆之暢快，點玍之灑脫，如其善於章草，畫面充滿了跌宕的動感，明顯地區別於「元四家」之從容靜穆。

《山陰雲雪圖》畫的構圖相當簡單，僅畫一股煙嵐橫於山峰與林木間。墨色的運用很有變化，樹石、雲煙、峰巒都賦予不同的表現和質感。筆中飽含著水分，雲煙像是隨著水分在浮升幻動。這幅畫的畫面雖然不大，卻表現出耐人尋味的墨韻。

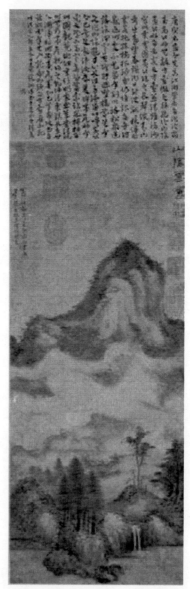

▲ 圖 2-26　方從義《山陰雲雪圖》
立軸，紙本，墨筆，縱 62.6 釐米，
橫 25.5 釐米，臺北「故宮博物院」藏。

第二節 ▶ 明代畫壇及江西畫家概述

明代畫壇的重要特點就是流派紛呈，精彩不斷。比如吳門派、松江派、華亭派、蘇松派、武林派，等等。這些流派是繪事發展到明代的必然結果，也是畫史上的重要事件。江西畫家在明代沒有出現領袖級人物，相信是在醞釀當中。這種情況一直維持到清代。

丁文暹（生卒年不詳），號竹坡，瑞金（今江西瑞金）人。他非常善於畫寫意花鳥和樹石，也善於畫山水。《欽定四庫全書・圖繪寶鑒》卷五：「丁文暹，號竹坡。善山水翎毛，筆力清勁。」《明書畫史》《無聲詩史》亦有記載。

王挹真（生卒年不詳），《皇明書畫史》一書記作挹珍。江右（今江西）人。他的山水畫宗法宋代的二米，筆法不是很老到，所以他的畫在當時看上去非常新派。（《畫史會要》《書畫史》）

皮嶼（生卒年不詳），永樂（1403-1424）時江西人。擅長畫畫。（《明畫補遺》）

王真賞（生卒年不詳），金溪（今江西撫州）人。善畫龍，曾經得到一件宋代畫龍名手陳容所作《六龍圖》，經過他的精心臨摹，深得陳容畫龍的要領。古人評價他是陳容以後難得一見的畫龍名家。（《金溪縣誌》）

王常（生卒年不詳），字蘭軒，江西人。其父即羅文龍，避居上海五十年，擅長作詩及書法書，尤善鑄造鼎。（《松江府

志》）

王適（生卒年不詳），字太古，玉山（今江西玉山）人。他早年當過官府的小吏，後來辭官回家。研究詩書繪畫十餘年，名氣很大。他特別喜歡在醉酒之時放筆淋漓，這時所作的作品都被世人所珍玩。他曾經著《太古集》傳世。（《江西通志》）

朱洪圖（生卒年不詳），字定遠，他是南昌衛世指揮使嗣宗子。擅長畫畫，落筆瀟灑，風格與倪瓚相似。（《御定佩文齋書畫譜》卷五十八引《翠橘堂箋臆》）

朱重光（生卒年不詳），浮梁（今屬江西）人。他特別善於畫喜鵲。相傳在他去世後數十年，有個叫彭生的人，把他畫的喜鵲粘在牆上，喜鵲突然鳴叫，彭生的妻子覺得很詭異，於是將這幅作品燒毀了。（《御定佩文齋書畫譜》卷五十引《浮梁縣誌》）

何喬福（生卒年不詳），字廷錫，廣昌（今江西廣昌）人。他讀書不計較一字一句，注重意會，晚年精於草書，深得張旭、懷素筆法。善畫墨竹，堪稱夏昶以後的畫竹第一人。有時也畫些花卉木石禽魚，也畫得惟妙惟肖。當時的人不論老幼都喜歡他的畫。（《椒丘文集》）

何震（生卒年不詳），字主臣，一字長卿，亦稱雪漁，婺源（今江西婺源）人。精於篆刻，他和蘇州的文彭（1498-1573）是亦師亦友的關係。姜紹書《論印》中說他：「雪漁如降雲在霄，舒卷自若。」他直到中年才開始學畫竹，蒼莽淋漓，風格尤勝。（《明畫錄》《印人傳》《廣印人傳》）

余有道（生卒年不詳），字萬山，婺源（今江西婺源）人。擅長畫山水，落筆有神，還特別擅長畫鳥。（《婺源縣誌》）

餘本立（生卒年不詳），金溪（今江西金溪）人。善寫墨竹，也擅長畫菜。（《金溪縣誌》）

杜環（生卒年不詳），字叔循（《明畫補遺》作字子循，一作德循）。他的祖先是盧陵（今江西吉安）人，後來遷居金陵（今南京）。明太祖喜歡他的書法，將他召入宮中，他一度成為太常丞。他的書法端妍，正書尤佳，行草也別具風味。另外他還兼善畫花鳥。（《宋學士集》《名山藏》《藝苑卮言》《分省人物考》《明畫補遺》）

李士實（生卒年不詳），字若虛，南昌人，一作豐城（今江西豐城）人。他是成化二年（1466）進士，正德中升至右都御史，後來因為依附叛亂的寧王朱宸濠而被誅殺。他寫的詩很好，擅長畫畫。

汪之寶（生卒年不詳），《閩中書畫錄》作三寶，道士。字麗陽，號癡頤，鉛山（今屬江西）人。一作貴溪（今江西貴溪）人。他與劉端陽是同學，兩人以詩文、書、畫相友善。嘉靖年間，他到武夷創立玄玄道院於接筍峰頂，閉戶清修，灑然出塵。當時世人稱他二人為「劉汪高士」。他著有《野懷散稿》一書。（《武夷山志》）

汪徽（生卒年不詳），字仲徽，婺源（今江西婺源）人。他的性格傲岸。所寫的詩極壯麗，擅長八分書，也善畫山水，還精通秦漢圖章，時人稱為四絕。（《徽州府志》）

汪都（生卒年不詳），字瀛海，婺源（今江西婺源）人。他曾經做過薄州吏目。非常善於書畫、文詞，其中又以畫畫為絕技。晚年他以雙箸代筆。山水、人物，點染頗佳。（《徽州志》）

　　周是修（生卒年不詳），吉水（今江西吉水）人。擅長畫龍。（《應庵隨錄》）

　　周顛（生卒年不詳），無名字，人們因為他的瘋癲，給他起了這個名字。他是建昌（今江西永修）人。周顛的舉止非常，言語仿佛，有人呼他為「顛仙」。他還擅長畫像。曾經在皇城的五鳳樓上自己畫過像。洪武初年，他乞食到了南昌，後來不知所終。（《明史》《畫史會要》《名山藏》）

　　明賢（生卒年不詳），僧，字無方，號剩山，俗姓盧，江西人。他擅長書畫，作品面貌不古不今，隨意揮毫，神機活潑，別有天趣。（《讀畫輯略》）

　　計禮（生卒年不詳），字汝和，號懶雲，浮梁（今江西景德鎮）人。他是天順八年（1464）進士，一直做到刑部郎中。善寫生菊花，畫筆章法有如狂草，時人說：「林良翎毛，夏昶竹，嶽正葡萄，計禮菊。」他曾經給他的同年進士許廷冕作墨香秋興卷，卷中畫了野菊數枝，還雜以飛白竹，生峻嶺驚濤間。（《東江集》《浮梁縣誌》《明書畫史》《清畫家詩史》）

　　倪宗器（生卒年不詳），江右（今江西）人。他善畫蘭及竹石。（《明畫錄》《畫史會要》）

　　徐有道（生卒年不詳），婺源（今江西婺源）人。他善畫鷹，畫出來的鷹能驚嚇到鳥雀。（《江南通志》）

　　徐敬（生卒年不詳），字敬仲，號梅雪，清江（今江西清江）人。洪武中做過監察御史，歷官春坊。特別喜歡畫墨梅，為海內所稱讚。一直活到八十二歲才逝世。（《寒松閣談藝瑣錄》）

　　徐敬是畫史上有名的墨梅畫家之一。雖然僅有一幅作品存

世，但是人們通過對他生平作品的研究，揭示了這位明初文人畫家在有關政治、藝術活動中的作用，得知他曾受到大學士的贊助，以及他的畫風的流行等珍貴史實。

我們對徐敬畫家生涯的瞭解則更少。今天，人們可以看到的僅存的《歲寒清白圖》（圖 2-27）作於一四四一年，藏於美國紐約大都會藝術館。徐敬透過簡練的筆墨，運用水墨寫意，寫出梅花的神態，以單純的黑白墨色，樸實的筆法，表現梅花枝幹扶搖而上，以渾潤的墨線勾瓣點花蕊，交互迭次，花朵有的含苞欲放或綻瓣盛開，清雅閑淡，筆力熟練神采飛揚，筆墨並重充滿韻致，濃淡相互掩映，形成了和諧與統一，畫者靈活處理空間結構，使畫面獲得更好的空間效果。徐敬作為墨梅畫家而受到極大的尊敬，這一點是無可懷疑的。從對徐敬這幅唯一的作品所做的技術探討來判斷，可知他受過權貴、文人、官吏的贊助。這些人是：楊士奇（1365-1444）、金幼孜、楊榮、李

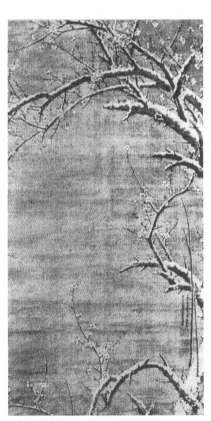

▲ 圖 2-27　明徐敬《歲寒清白圖》軸美國紐約大都會藝術館藏。

昌祺和陳循（1385-1462）。其中楊士奇、金幼孜、李昌祺和陳循四人與徐敬同籍，均為清江縣人，這並非巧合。顯然，明初官吏對畫家的獎掖關係，充分體現了「鄉黨」觀念。永樂時期的大學士黃海也明顯地具有「鄉黨」觀念，他對陳叔起和謝環的巨大支持也許是由於他們同為永嘉人之故。

　　徐敬和楊士奇、楊榮、金幼孜這三位永樂年間大學士的親密關係，也反映了這三位大學士樂於贊助文人、畫家的習尚。正如王拔和夏泉的墨竹一樣，徐敬的墨梅同樣適應這些官僚的品位。金幼孜寫的兩篇隨筆，一篇是慶祝徐敬連任太平知縣的序言，另一篇是對梅雪畫室的介紹，敘述了他們過從甚密的友誼。徐敬繪贈金幼孜的梅雪圖至少有一幅。楊榮在為徐敬隱退而作的一首長詩中敘述了他和徐敬的友誼。楊士奇在徐敬的一幅畫卷上曾有題跋，以志對其才華的欽佩。李昌祺是文人官吏，他在徐敬的兩幅墨梅圖的長篇題跋中，將徐敬讚揚為當代最傑出的墨梅畫家，並指出徐敬的風格與宋朝僧人華光及其門徒楊補之的傳統畫法是一脈相承的。

　　徐敬在大幅絹軸水墨《歲寒清白圖》右下方的題記中寫道：「正統辛酉五月十六日，清江徐敬為王廣文繪歲寒清白圖。」此圖畫面右下角描繪了一株聳立的老梅樹，挺拔的鐵幹虯枝伸向左方。這株雪梅採用倒暈的方法描繪。倒暈法是在白色絹地上以墨塗黑為背景，烘托出無墨絹地，手法含蓄，以展現雪中盛開的梅花銀光奪目。根據他的號「梅雪」和以「梅雪」為主題而載入史料的作品，證明了他對梅雪這一典型主題的偏愛。

　　像大多數明初畫家一樣，徐敬的這幅畫使用了當時典型的窄

長形掛軸，其構圖基本遵循南宋（1128-1279）時期的斜形及分割的圖案，這正如我們經常見到的馬遠的作品一樣。為了均衡這幅窄長形掛軸上角落的空白，徐敬在其右上方著意精心描繪了一枝樹幹。與王冕（1287-1359）的構圖集中和詩意盎然的流行畫面風格相比較，徐敬的作品則顯然代表了地道的傳統畫法。

徐敬在這幅畫中使用的倒暈方法，歷來被認為是湯叔雅（楊補之的外甥）的創新。但是，湯叔雅用此法描繪的作品至今卻未見一幅存世。然而，用墨塗黑為背景，烘托出墨處白色絹地，以此展現白雪覆枝的同一倒暈方法，可追溯到十世紀，如人們所見到的徐熙的《雪竹圖》。這種技法廣泛用於宋人雪景圖中，如梁楷的《雪景山水》和李迪的《雪景歸牧》。由此可見，倒暈的畫法很可能從古老的年代起，就被人們用來專門描繪雪梅。根據明初學者陳敏政的觀點，在元代以書法的「圈瓣」技法畫梅盛行之前，宋人的倒暈法就已常見於畫壇了。陳敏政在一幅墨梅圖（陸廉坡藏）的題跋中寫道：「宋人巧施墨色塗染背景（稱染地），以作雪梅圖。以黑墨為背景襯托，令其於墨色中顯露疏影銀花，景象逼真……元人則喜用鐵作圈描繪梅花，其線條蒼勁有力。這些鐵作圈數以千計地密集地攢聚在一起……」

陳敏政的題跋表明了明代兩種不同畫法的明顯特徵。一種畫法是遵循昔日的傳統——宋人慣用的倒暈法，如徐敬的《歲寒清白圖》；另一種則注重於更具表現力的畫法——勾描出花瓣，畫出樹枝。王冕的兩幅作品是最為生動的實例。當王冕將楊補之的圈瓣畫法進而代之以書法線條構畫的時候，倒暈法則成為描繪雪梅的唯一方法繼續流傳下來。

　　徐敬一四四一年所作《歲寒清白圖》同吳大素所作《雪梅圖》和《松梅圖》是一脈相承的。吳大素在《雪梅圖》中使用的就是倒暈法和更為寫實的畫法。儘管在徐敬那種白雪覆枝、梅花稀疏的構圖中可以發現他對畫法有進一步的發展，但他仍然在宋代的寫實主義和元代的表現主義之間保持平衡。

　　與徐敬同時代的大多數墨梅畫家，諸如孫隆（號從吉）、陳綠、王謙和徐原父等人，均繼承了元末具有更強烈影響力的繪畫大師王冕的風格，這是耐人尋味的。王冕的作品以緊湊的章法、S形的畫面、繁茂飽滿的花朵和筆力挺勁的書法，創造性地刻畫了他所喜愛的主題風格。徐敬所描繪的每一幅畫面，都顯示了楊補之及其外甥湯叔雅的早期傳統畫法。何以如此呢？因為徐敬出生於清江，即楊補之和湯叔雅的家鄉；而與徐敬同時代的大多數墨梅畫家，如孫隆、陳綠、王謙和徐原父等都是浙江人，浙江是王冕畫風風行之地，具有強大的習慣勢力。一旦考慮到如此事實，對徐敬選擇這一早期的傳統畫法，便頗可理解了。

　　大多數明朝早期的畫家都繼承了時代更近的王冕的風格和畫法。然而，徐敬的雪梅圖則代表了保守的畫法，這種畫法總是頻繁出現在許多專業花鳥畫家們的畫卷上。例如，宮廷畫家呂紀大量地將雪梅構畫在他的許多花鳥作品中。呂紀的《梅花斑雞》《雪梅山雉》和《雪岸雙鴻》作品，雪梅的描法雖有時著色，卻多與徐敬相同。在描繪雪梅的技法上，呂紀融合了徐敬的畫風，這反映了明朝早期南京的宮廷畫家和文人畫家之間的親密關係。人們也目睹了產生強烈影響的類似情況：宮廷畫家林亮、呂紀和朱丹的作品融合了王紱、夏昶的墨竹圖的技法與風格。

徐敬以文人官宦兼畫家的身份，確實成了明朝初期的文人畫家的典型代表，深受大學士們的崇敬。在明初，這些大學士既是學者的獎勵者，又是宮廷畫家的獎勵者。作為一位墨梅畫家，不為王冕的時尚畫風所轉移，徐敬選擇了其鄉籍的傳統畫法。墨梅圖創於南宋揚補之，而徐敬的風格蓋源於此。以上反映了南宋人慣用的傳統畫法在新朝的開端，即在明初的一些地區廣為傳播。徐氏雪梅圖的主題和技法已為諸多宮廷畫家所承襲，宮廷畫家在當時特定的政治文化氣候下，同文人畫家有著較為密切的關係。[2]

　　袁子初（生卒年不詳），字叔言，號雪齋，浙江上虞人，後來流落到江西。他畫的梅花受到王冕的影響，花朵大都留白，看上去也不煩瑣。（《紹興志》《明畫錄》）

　　張玄慶（生卒年不詳），《畫史會要》中記作慶玄，《宋元以來畫人姓氏錄》引《名山藏》《歷代畫史匯傳》引《畫史會要》均作元慶，《名畫錄》作「慶元，嗣法正一真人，貴溪人」。他是個道士。嗣號天師。博學能文，長詩、畫。尤其擅長畫蘭草竹石。（《名山藏》《畫史會要》《明畫錄》）

　　張應雷（生卒年不詳），字思豫，號順齋，金溪（今屬江西）人。他是隆慶五年（1571）的進士，被授予湖州府推官一職。他有許多著作，也擅長書畫。（《撫州志》）

2　宋後楣著，王木南譯：《明初的墨梅畫家徐敬》，載《中國歷史文物》
　　2005 年 2 期。

　　郭都賢（生卒年不詳），字天門，湖南益陽人。他小的時候聰慧異常，是天啟二年（1622）的進士，於崇禎十二年（1639）督學江西（《畫家知希錄》《清朝書畫家筆錄》均作明末官江西巡撫）。明亡以後，他出家為僧，自號頑石，又號些庵和尚。性格嚴肅，風骨冷然。博學強記，擅長詩文，書法風格瘦硬，兼善繪畫，他畫的松、蘭、竹特別精妙。（《益陽縣誌》《尚友錄》《清朝書畫家筆錄》《沅湘耆舊集》）

　　郭詡（1456-？），字仁宏，號清狂，江西泰和人。擅長山水畫，曾經遊歷過許多名山，他說：「豈必譜也，畫在是矣。」認為繪畫應當師法造化，而不應拘泥於畫譜。與他同時代的江夏畫家吳偉、北海畫家杜堇、姑蘇畫家沈周都與他交遊甚歡。天下人都爭相收藏他的畫，價格不菲。有的達官貴人想多得幾幅他的

▲ 圖 2-28　郭詡《雜畫圖》之一《蘆塘芥菜圖》冊頁，紙本設色墨筆，上海博物館藏。

畫，他卻數著房梁不做應答。如果強行索要，他就會狂躁地離去。弘治年間，他作為善畫的人被召入宮中。朱宸濠召他來說話，他卻婉言推辭。他與王守仁交往甚密，獻畫題詩能表達出他的志趣。他還善於畫雜畫，有時也會信手作些人物，畫得非常有趣。（《吉安府志》《名山藏》《無聲詩史》《明畫錄》《畫史會要》）傳世作品有《雜畫圖》（圖2-28）、《琵琶行圖》《東山攜妓圖》（圖2-29）、《朱文公像》（圖2-30）等傳世。

《雜畫圖》繪蕉石婦嬰、青蛙草蝶、青山花村、雞冠蛺蝶、竹石秋菊、草亭釣艇、蘆塘芥菜、溪山空亭等八圖，每圖自題七絕一首，闡發畫意。圖2-28為《蘆塘芥菜圖》。作者在表現技法上更具創造性，純用色彩繪寫，色澤鮮潔而運筆簡練。在筆法上，勾曳點垛染靈活飛動，毫不板滯，生物的形態栩栩如生；芥菜等畫法，也顯見他水墨寫意的嫻熟功力。

《東山攜妓圖》是以東晉名士謝安棲隱東山的逸事為藍本。謝安，字安石，未入仕前已名重於時，朝廷屢次徵召，皆以病辭，隱居會稽之東山，放情山水，以聲色自娛，每出遊必攜妓同行。後出仕司馬，又升任宰相。在此畫面上，謝安清鬚飄灑，氣宇軒昂；三妓雲髮高聳，緩步隨後。

《朱文公像》為郭詡僅存的肖像畫作品，繪製年應在明代弘治年間（1488-1505）。畫中老人慈祥溫和，栩栩如生。其面部及衣紋皆用淡墨線條勾出，唯有眼睛用濃墨，以使面部更為清潤。領邊袖沿還有頭上烏紗皆施以淺墨，與衣紋勾線形成對比，準確地表現了當時的服飾特徵，使人物的頭部與衣飾有了呼應，老人儒雅的氣質躍然紙上。淡淡的著色減弱了黑線與白紙的對比，起

▲ 圖 2-29　郭詡
《東山攜妓圖》
紙本墨筆，縱 123.8 釐
米，橫 49.9 釐米，臺北
「故宮博物院」藏。

到了和諧有致的效果。

　　黑龍江省博物館現藏明代郭詡的人物畫《張子房先生小景》。畫為紙本，墨筆，畫心縱一二八點三，橫三十四點三釐米。該畫一九六二年十一月購於北京市王府井大街大甜水井胡同。

▲ 圖 2-30　郭詡《朱文公像》
　　紙本墨筆，縱 88 釐米，橫 58 釐米。

　　此畫中人物垂手側身直立，身著白色雙肩長袍，腰繫絲帶，在腹前打結。頭上方巾包髻，面部以精美的線條描畫出頭髮和上挑的細眉，雙目神光內蘊，臉上和頸部以淡墨暈染表現肌膚，頗具立體感。據畫中相關文字，我們知道這個年輕瀟灑的公子就是漢高祖劉邦的謀士，姓張名良，字子房。出身於韓國舊貴族家庭。此畫在人物上方有七言絕句詩一首：「拂袖仙遊託病身，韓仇已復漢圖新。未央宮裡淮陰血，化作春風草上塵。」詩前題「張子房先生小景」，後署「泰和清狂道人郭詡詩畫」款。上述字皆系行草字體。下有朱文章三方：「性翁」「季夕亭」「太和郭仁宏之印」。詩兩側有清代著名畫家高鳳翰題讚語兩段。書體亦為行草。左側一段文字為：「韓椎吼秦，庶季心血一石嘔。以斯為漢春，一韓志，九吾事，氣矣漢河有吁磋，藏弓與烹狗。」左下題（字體稍小）「乾隆三年歲在戊午，中秋後二日撿畫將歸，好處令聞同學，因題贊請改。膠州學弟高鳳翰病庠後左手書。」右側也有讚語一段，其文為：「史稱其狀貌，乃如婦人好女。不稱其志氣。今觀此畫像，殊大不厭，先生之志氣，發軔幹英。博浪一椎，直撼天地，成功於忍。絕上一折，損褌性根。試觀此像，英也，忍也。眉鋒頰力，咄咄逼人，英雄哉！稱龍否？龍！」下題小字「同日鳳翰又記」。下有白文方章四枚，即「左手」「齊國人」「維摩方丈」和「亞昔鼎」。作者郭詡將闊筆寫意和精確的白描手法巧妙結合，創造出的人物個性鮮明，在刻畫人物內心世界和個性特點方面功力頗深。

　　《張子房先生小景》就是這方面不可多得的作品之一。此畫雖構圖簡單，然而人物性格刻畫生動傳神。用闊筆寫意手法畫衣

服，頗具動感，給人一種衣衫隨風而動、人物飄然欲仙的感覺。面部以工細的白描，用點睛之筆著力刻畫眼睛和眉毛。傳神地表現出張子房外柔內剛的個性。郭詡的作品傳世的已不多見、人物畫尤其少，目前僅見上海博物館藏有其人物畫集冊，一本，而散見單幅作品更為少見。該畫對進一步研究郭詡的人物畫風、技法以及畫家本人思想和當時社會風氣都有著重要的資料價值。[3]

陶賀（生卒年不詳），江西樂平人。嘉靖初年，他以歲貢為揚州府學訓導一職，後來升遷為通州學正。他擅長畫葡萄，常用泥金的巨幅畫作敬獻給上司。獲得推薦，成為紹興府教授。（《通州志》）

陳汝言（生卒年不詳），字惟允，號秋水，臨江（今江西清江）人。寓居吳縣（今江蘇蘇州）。他和他的哥哥陳汝秩（字惟寅）齊名，有大髯小髯之稱。擅長詩畫，胸中有謀略。曾經輔佐過張士誠的軍事要務。洪武初年，以此被人推薦任金安經歷一職。後來因為張士誠叛亂連坐致處死，受刑之前十分從容，染瀚就刑。他畫的山水宗法趙孟頫，精妙清潤。也擅長畫人物，曾經作溪山秋霽卷，師法董巨，還有小幅作品《慈母手中線》，師法宋人馬和之。相傳陳汝言與王蒙十分要好，王蒙在泰安任知縣時，官邸正面對泰山，於是在牆上掛一幅絹，有興趣了就畫兩筆，三年後完成此作。陳汝言路過此地拜訪王蒙，正逢大雪，於是用小弓挾粉筆彈之，把這幅畫改為了雪景，他的這種巧妙構

3　姚玉成、劉丹宇：《張子房先生小景》，載《北方文物》1996 年第 3 期。

思，王蒙覺得很神。於是就題詞：岱宗密雪圖。流傳作品有《百丈泉圖》（圖 2-31）、《仙山圖》（圖 2-32）、《羅浮山樵圖》（圖 2-33）。（《明史·陳濟傳》《吳縣誌》《明畫錄》《無聲詩史》《皇明書畫史》《鐵網珊瑚》《寓意編》《妮古錄》《清河書畫舫》《畫史會要》）

《百丈泉圖》描繪廬山風景。墨筆畫高山遠景，山峰重疊，林木森嚴，山下屋宇樓閣，地勢幽僻。山勢陡峭，瀑布飛泉，奔流而下，直追大詩人李白的「飛流直下三千尺，疑是銀河落九天」的詩意。全畫結構謹嚴，皴擦茂密，畫法出自董、巨，而近乎王蒙。

▲ 圖 2-31　陳汝言《百丈泉圖》
紙本水墨，縱 115.2 釐米，橫 46.7 釐米，臺北「故宮博物院」藏。

▲ 圖 2-32　陳汝言《仙山圖》
長卷，絹本設色，縱 33 釐米，橫 102.9 釐米，美國克利夫蘭藝術博物館藏。

　　《仙山圖》中千岩萬壑、山巒縱橫、變化萬千；山頭、山腳樹叢林立，鬱茂蒼秀，且形態各異，儀態萬方，有山莊村居散落其間，為畫面增添了人文氣息。山上飛泉直瀉而下，匯入溪流。小橋連接兩岸，溪邊山路彎彎。橋頭一片平地，兩人正戲羊賞景。右面樹蔭下亦有一塊寬闊平地，一高士側臥墊上，小童正與兩仙鶴戲耍。全圖佈局密而不塞，筆法高古，透出一股仙雅秀潤之氣。右上有倪瓚題文：「《仙山圖》，陳君惟允所畫秀潤清遠，深得趙榮祿筆意，其人已矣，今不可復得，辛亥十二月二日。倪瓚題。」對陳畫給予極高評價，並點明其得趙孟頫之遺意。

　　《羅浮山樵圖》中層巒疊嶂，溝壑縱橫，大小山岡，密林叢生，山莊村居隱現於其中，一派草木華滋、生機勃發之景。一股飛泉自遠處山峰之側飛瀉而下，至山腳變為潺潺細流，注入大河。筆法沉著而疏秀，用墨嚴實而蒼渾。山頭布以「磯頭」，用長披麻皴法，再以淡墨渲染。近樹雙鉤而成，遠樹則墨點成叢。畫法幾乎全董源、巨然而出，只是筆力偏硬。

　　陳汝言傳世作品有《荊溪圖》軸，絹本，墨筆，縱一百二十

▲ 圖 2-33　陳汝言《羅浮山樵圖》
立軸，絹本水墨淡設色，縱 107 釐米，橫 53.5 釐米，
美國克利夫蘭藝術博物館藏

九釐米，橫五十二點七釐米，上有倪瓚長記和周砥、鄭元祐、虞堪、王蒙、張經、王光大、陳植、張田、荊南樵人、陸大本、張監等詩題；至正二十年（1360）作《百丈泉圖》軸，自識「至正庚子（1360）正月二日，盧山陳汝言寫」，上有張經、趙質等五人詩題。均圖錄於《中國繪畫史圖錄》上冊。著有《秋水軒稿》。

陳汝秩（？-1385），字惟寅，臨江（今江西臨江）人。一作本盧山人，居住在吳縣（今江蘇蘇州）。他和弟弟陳汝言雖然貧困，依然一心向學，洪武初年，他被作為人才征至京師，但是因為自己母親年老，於是辭官歸鄉。擅長詩文，喜歡古時候的東西，每次購買書、畫，縱然傾盡財產也毫不吝惜。他擅長山水畫，技法來自唐宋，他的上色畫受到了李思訓、李成的影響。（《姑蘇志》《吳縣誌》《六研齋三筆》《明畫錄》）

陳晦（生卒年不詳），字待征，福建莆田人。成化二十三年（1487）進士，官至江西參政。善於描繪山水，為時人所敬重。（《閩畫記》）

陳敬止（生卒年不詳），江西清江（今樟樹）人。他立志要在學問文章上有一番成就，但是更傾向於畫畫。鳥獸魚蟲的性情，雲煙山水的變幻，在他的筆下莫不精確考究。他給別人畫像，特別能畫出像主的神思。（《練安金川玉屑集》《耕硯田齋筆記》）

陳舉善（生卒年不詳），官至江西泰和縣丞。擅長畫山水。（《劉槎翁集》）

楊嘉祚（生卒年不詳），字邦隆，號寨雲，江西泰和人。萬曆四十四年（1616）進士，官至廣西副使。喜歡模仿古代的事

物，繪畫與王雅宜的筆法相似。特別擅長畫墨竹。（《泰和縣誌》
《書史會要》）

　　熊茂松（生卒年不詳），字汝辰，號蘅皋，瑞州（今江西高
安）人。能作詩，擅長書法。官至員外郎。他的山水畫師法黃公
望，佛像畫師法丁雲鵬。（《畫史會要》《明畫錄》）

　　熊周（生卒年不詳），字六有，臨川（今江西撫州）人。他
精通書史，擅長書畫。萬曆年間，他遊學至陸涼（今雲南陸
良），招收許多徒弟，於是在那裡定居了。（《舊雲南通志》）

　　趙子深（生卒年不詳），清江（今江西樟樹）人。擅長畫山
水。（《畫史會要》《明畫錄》）

　　劉廷赦（生卒年不詳），江右（今江西）人。善於畫白描佛
像、人物。（《御定佩文齋書畫譜》卷五十五引《畫史會要》《明
畫錄》）

　　劉進（生卒年不詳），《明畫錄》又記作劉晉。安成（今江
西安福）人。他擅長畫魚，李東陽贈詩給他寫道：「生綃如雲筆
如雨，恍惚變態不可求。」（《明畫錄》《無聲詩史》《懷麓堂集》）

　　劉漳（生卒年不詳），贛縣（今屬江西）人，他通過了官吏
選拔考試，成為樂昌縣方勝巡檢。他因為給人畫像出名，受到皇
帝的寵倖，官至鴻臚寺序班，供奉內廷，並升錦衣衛鎮撫副千
戶。（《江西通志》卷一百六）

　　劉端陽（生卒年不詳），道士。號古松，建昌（今江西）
人。嘉靖年間，創道院於武夷接筍峰，閉門清修，灑然出塵，時
人稱之為高士。他與汪之寶是同學，以詩文、書、畫相友善。
（《武夷山志》）

劉節（生卒年不詳），安成（今江西安福）人，他是劉進的兒子。世宗朝時供奉內殿。他畫魚得到他父親的真傳，特別擅長畫鯉魚，矯首振尾，有一躍九霄之神。（《明畫錄》《無聲詩史》《懷麓堂集》）

潘欒（生卒年不詳），字碧井，婺源（今江西婺源）人。他精通音律、地理、象數以及書畫，均能深得其中的韻奧。當時的荊、益諸王聘他為紀善。考古樂章，製作的樂器頗得古代樂律之妙。著有《君臣圖鑒》《禮樂志》《八家行草》等書。（《安徽通志》《名畫補遺》）

蔡世新（生卒年不詳），號少壑，虔南（今江西龍南）人，一作贛縣人。他擅長畫像，點墨像飛一般。王守仁鎮虔的時候，他為其畫像，能得其神韻。於是被邀請到王氏的幕府，從此有名起來。上海博物館藏有其所畫《王陽明像》。他還擅長勾勒竹子，他的大尺幅作品比較好。也畫美人。萬曆二十九年（1601）畫過《母雞哺雛圖》。（《明畫錄》《畫史會要》《茅鹿門集》《榆園畫志》）

鄭克修（生卒年不詳），清江（今江西樟樹）人。他擅長畫人馬，雖然沒有超過古人，但也沒有世間的俗氣。（《明書畫史》）

蕭于京（兄于喬，父士信），江西人。到北京以後，他的畫藝更加精妙，他畫的人像極為逼真，當時京城的畫像師都覺得要畫成他那樣非常困難。他臨摹了唐人李、杜，宋人歐陽、司馬、周、程、邵、張及胡澹庵（胡銓）諸君子的像，都十分精妙。父士信，亦精於繪事，于京，信子。益精其父寫真之藝，嘗至南

京，士大夫求之者眾。(《東裡集》)

　　蕭公伯（生卒年不詳），泰和（今江西泰和）人。善於畫像，相傳他染色的地方，可以預測像主的變化，而不僅僅是相像。當時有一個畫師住在他們家的普覺寺，蕭公伯前往服侍他，學盡了他的本領。有一天他因為去打水遲到，畫師責備了他，蕭公伯說：「剛才我見到兩個鬼在爭鬥，因此忘記返回。」並且以水在地上畫了出來。畫師非常驚服，於是他出了名。(《畫史會要》《明畫錄》)

　　璩之璞（生卒年不詳），字元輿，號君瑕，江西人。他僑居於華亭（平湖縣誌作原籍華亭）（今上海市松江），與平湖人陸光寅友善。他的人品高潔，楷書極佳，善於畫山水。董其昌見到他的畫驚歎道：「你真厲害，五百年後必定有佩服你的人。」萬曆三十五年（1607），他曾經畫《雪滿空山圖》。他也能畫鳥及水墨花卉，筆法細膩。精於摹印，在吳門文氏伯仲之間。他的兒子幼安，也擅長刻印。(《明史・藝文志》《松江志》《海上墨林》《明畫錄》《平湖縣誌》《廣印人傳》《支那名畫寶鑒》)

　　聶大年（1402-1456），字壽卿，臨川（今江西撫州）人。《明畫錄》作錢塘（今杭州）人。景泰年間，被推薦為仁和訓導。升入翰林。博涉群書，篤意古文及唐人詩。書法學李邕、趙孟頫，又能自成一體，非常秀麗可愛。他畫山水宗法高克恭，落墨不凡，頗得清淡之趣。(《明史本傳》《畫史會要》《臨川志》《明畫錄》《詹氏小辨》《蓉塘詩話》《列朝詩集小傳》)

　　藍文豹（生卒年不詳），浮梁（今屬江西）人。他擅長畫山水竹石，又擅長畫像。(《浮梁縣誌》)

藍瑜（生卒年不詳），旴江（今江西南豐）人。善於畫畫，曾經為馬庭堅繪製《柏庵圖》，宋濂（1310-1381）為他題跋。（《翰苑別集》《無聲詩史》）

　　魏書（生卒年不詳），字石床，寧都（今江西寧都）諸生。能書善畫，作品都很有名。（《江西通志》）

　　羅素（生卒年不詳），號墨狂，進賢（今屬江西）人。嘉靖年間在江南一帶寫生，畫的是呂紀風格的花鳥，他畫的設色寫生，都十分逼真。山林樹石，大幅宗吳偉法。法吳偉人物，亦能亂真。（《畫史會要》《明畫錄》）

第四章

清代畫壇及江西畫家概述

　　「清代的繪畫藝術，繼續著元、明以來的趨勢，文人畫日益佔據畫壇主流，山水畫以及水墨寫意畫盛行。在文人畫創作思想的影響下，更多畫家追求筆情墨趣，風格技巧爭奇鬥豔。在明代後期形成的諸畫派，到此時更是分支繁衍，派系林立。由於董其昌『南北宗論』繪畫理論影響，清代畫壇流派之多，競爭之烈，是前所未有的。」[1]江西出現不少有名的畫家，其中羅牧和江西畫派是其中十分引人注目的。而八大山人朱耷則是畫史上濃重而鮮麗的一筆。羅牧和朱耷，是千年畫壇上的佳話，也是江西畫家的驕傲，至今仍為人津津樂道。

　　吳弘（生卒年不詳），一作宏，字遠度，江西金溪人。他定居在江寧（今南京），為「金陵八家」之一。山水入能品，於縱橫放逸中，見步伍整齊之法，墨竹飛舞絕俗，其畫自辟一徑，不肯寄人籬下。他曾說過自己曾策蹇驢過大樑之墟，訪信陵公子侯嬴、朱亥之遺跡，歸來後似乎有所得。周亮工也認為他渡黃河游

1　楊仁愷主編：《中國書畫》，上海古籍出版社 2001 年版。

雪苑歸來才使得其筆墨一變，縱橫森秀，盡諸家之長，還能借其抒發自己的意志。康熙十八年（1679）他曾經作山水冊。（《國朝畫征錄》《讀畫錄》《桐陰論畫》《安雅堂集》《江寧志》《清畫家詩史》）

吳浩（生卒年不詳），字孟深，江西玉山人。他是乾隆時舉人，做過知縣。學書法於梁同書，尤其喜歡作畫。（《江西通志》）

查振旟（生卒年不詳），字雲槎，江西星子人。他是諸生。善作詩文，寫字用三個手指捉筆，懸肘自如，大小楷書有法度，也善於畫山水。（《嘯虹筆記》《墨香居畫識》）

徐蓉（生卒年不詳），女。建昌（今江西永修）人，水夫文三郎妻。三郎曾經隨米漢雯（順治十八年進士）居住在南昌。徐蓉擅長畫畫，曾經作過兩面素扇，一畫梅，一畫蘭竹，又書寫唐人絕句二首。那年她才二十三歲。（《池北偶談》）

晏善澄（生卒年不詳），字准五，江西上高人。他是乾隆年間的進士，做過湖北孝感知縣。他的詩文、書、畫在當時都很有名。（《江西通志》）

張宿（生卒年不詳），字月鹿，江西德興人。他是乾隆時的舉人，做過永新教喻，善於書畫。（《江西通志》）

曹德華（生卒年不詳），字迪諧，一字山甫，江西新建人。他是乾隆六十年（1795）的進士，授中書一職。會寫詩，善於篆、分書法。他的行書、正書都很精妙。擅長畫畫，山水畫學自南宋。有《斷橋煙柳圖》傳世。（《大雲山房文集》《甌缽羅室書畫過目考》）

陳一章（1734-1803），字夏木，號靜山，江西崇仁人。他在乾隆年間游裴文達曰修之門，官至無為州州同。他擅長畫山水，畫筆精勁而有秀野之趣。（《墨香居畫識》《藝林月刊》《畫傳編韻》）

陳文長（生卒年不詳），江西寧都人。他擅長畫竹，有畫竹冊出版，魏禧為之作序。（《冰叔文集》）

陳鳳翔（生卒年不詳），字竹香，江西崇仁人，他是陳一章的兒子。做過江南河督。山水、人物，能繼承父藝。（《墨香居畫識》《畫傳編韻》）

閔貞（生卒年不詳），字正齋，或呼為閔子，南昌人，僑居漢口，一作漢陽人，或作武昌人。他擅長畫山水，魄力沉雄，頗得巨然神趣。人物筆墨奇縱，衣紋隨意轉折，豪邁絕倫，仕女善作直筆勾勒，益遠益妍。其白描羅漢幾欲亂李公麟之真。兼精寫真。幼失怙恃，痛二親遺容不獲見，因篤志學畫。篆刻專宗秦漢。朱筠、翁方綱極器重之。乾隆四十五年（1780）作《豐瑞圖》，又五十三年（1788）為紫笠山人作畫冊時年五十九。（《讀畫閑評》《墨香居畫識》《墨林今話》《桐陰論畫》《廣印人傳》）

康熙至乾隆年間，在揚州活躍著一批銳意革新的職業畫家，以清新而富有生氣的筆墨出現在畫壇。他們不僅在繪畫風格上與當時正統的畫家有所不同，而且思想行為也常常偏離當時的習俗，因此，人們以「怪」目之，稱之為「揚州八怪」。

關於「八怪」的所指，有不同的說法，一般認為，「八怪」並不局限於八位畫家，可以歸入其列的共有十五位畫家，他們中既有揚州本地人，也有從外地來到揚州發展的畫家。南昌人閔貞

就是名列「揚州八怪」中的一位著名畫家。閔貞少年時即僑寓漢口，曾一度到過京城，後長期寓居揚州。與其他「八怪」畫家一樣，他於花卉、梅竹、山水、人物無所不精，而尤長於寫意人物和寫真，這在「揚州八怪」畫家中是絕無僅有的。

閔貞能夠在人物畫上有較高成就，是與他早年的經歷分不開的。閔貞幼年就失去了父母雙親，見到別人家懸掛父母遺像致祭，常為自己不能供奉雙親遺像而難過流淚。有人告訴他，寫真畫家有所謂「追容之法」，就是尋找到與死者容貌相近似的生者來畫像。但當時閔貞所居住的地方沒有擅長人物寫真的畫家。閔貞因此刻苦學畫，立志有一天要為自己的父母追畫遺像。他還開始多方留意尋找與自己父母相像的人，多年不懈，鄉里人戲稱他是「閔呆子」。但他的孝心和刻苦學畫的恒心也令鄉鄰很感動。有一天，鄉鄰告訴他說：昨天發現了一對老夫婦，與你父母很相像，他們路過此地，攜筐拄杖，往襄陽去了。閔貞二話不說，謝過鄉鄰，連忙起身疾行二百餘里，腳上打起了水皰，在筋疲力盡之時，終於追上了兩位老人。老人為他的孝心打動，跟他一同回家，閔貞對之寫真。畫畢，鄉鄰都認為很像他故去的雙親。從此，鄉里都稱他為「閔孝子」。

閔貞有著很高的繪畫藝術修養，他的繪畫是先從工筆入手，再發展為大筆寫意，技法訓練嚴格，基礎堅實。他白描學宋代人物畫大家李公麟，山水得巨然江南山水神趣。後來又廣泛吸收徐青藤、八大山人、石濤等寫意大家的粗放筆墨，並從同代畫家「八怪」之一黃慎的人物、花卉中獲得啟發，形成了自己筆墨雄沉、神精氣足的藝術風格。

人物畫在閔貞作品中佔有重要地位。他的人物畫題材廣泛，有歷史故事、神話傳說，也有日常生活場景描繪。從鍾馗、壽星到普通人物肖像和民間風俗人情，各種題材在他的筆下都能得心應手。對社會生活場景和普通勞動者的描繪是閔貞人物畫題材上的一個重要特色。他的畫中，有賣布頭、賣饅頭的小商販，替人縫補的婦女，挑擔負重的挑夫，殺豬宰羊的屠夫，還有唱猴兒戲、傀儡戲的各色人等，不一而足。

如《八子觀燈圖》（圖 2-33）在構圖頗具特點：畫八個小孩俯身看花燈。用生動活潑的筆法將八個年齡相當、個頭差不多的孩子的稚氣天真快樂的天性表現得別致。

▲ 圖 2-34　閔貞《八子觀燈圖》
立軸，紙本設色，縱 121 釐米，
橫 70.5 釐米，揚州市博物館藏。

▲ 圖 2-35　閔貞《蛤蟆仙人圖》
立軸，紙本設色，縱 180.1 釐米，橫 70 釐米，日
私人藏。

閔貞的人物畫，從徐渭、朱耷的水墨寫意中吸取營養，以粗筆見長，線條簡潔，揮毫自然，寥寥數筆而神形逼肖。他有多副筆墨，根據不同題材，採取不同的藝術手法。他的粗筆人物，筆墨奇縱，不拘常規，線條簡練，流利有動感。刻畫物件，往往寥寥數筆，面貌神形兼備、真實生動；衣紋隨意流暢、層次分明，栩栩如生。他也擅長工細白描人物畫，形體精確，動態自然。尤其是他的白描仕女、村婦、羅漢，或悠閒靜逸，或平實樸素，無縱橫習氣。《採桑圖》是閔貞的一幅白描作品，畫面上一位村女踮起足尖，高舉籃筐挑竿採桑。村女形象刻畫得樸實無華，健康動人。有平中見奇，靜中寓動的效果。《八子觀燈圖》（圖2-34），通過對八個小孩擁聚在一起圍觀花燈的情景刻畫，充分顯示了孩子們的天真、活潑、好奇。構思立意精彩，筆墨富於變化，孩子形象神態各異，妙趣橫生，渲染了節日觀燈的熱鬧氣氛。線條流暢，粗筆揮毫，富於動態，筆墨酣暢，變化多端。《戲蟾圖》取材民間傳說。戲蟾者荷葉蓋頭，身披蓑衣，均以濃墨塗染，褲紋則淡墨勾勒，這種濃淡相間的畫法是閔貞的常用手法；畫面上，戲蟾者與蟾蜍四目相對，活潑、滑稽，富於人間情趣和戲劇性。

《蛤蟆仙人圖》（圖2-35），中人蓬頭弓背，雙手撫蟾，眯目啟齒，憨態可掬，笑吟吟地面向觀眾挪步而來。造型於狂放中不失嚴整，寓工於寫；用筆於恣肆中不失緊勁，寄巧於拙。合碑版之方硬與狂草之暢快於畫筆，兼具金石與寫意趣味，獨具特色。

閔貞的名作很多，如《鐘南進士圖》《石上打棗圖》《攬衣微步圖》《傍石於雲圖》《五老攜童圖》《紈扇仕女圖》（圖2-36），

▲ 圖 2-36　閔貞《紈扇仕女圖》
立軸，紙本墨筆，縱 113.8 釐米，橫 45.9
釐米，上海博物館藏

《巴慰祖像》（圖 2-37）
等，都各具特色。他長
期致力於人物畫，對人
物畫的創新做出了較大
貢獻，清末著名畫家任
渭長、任伯年、王一亭
等都受到他的人物畫的
啟發和影響。閔貞長期
生活在市井民間，是個
有骨氣的畫家。早年在
京城，有權貴勒令他作
畫，他寧可受辱挨餓，
也不肯落墨；但對於知
交貧賤，他卻有求必
應，毫不吝嗇。

《紈扇仕女圖》中
仕女神態嬌弱，流露出
一種夏日疲困的氣息。
樹幹的蒼老虯蟠與女子
的嫵媚身姿，曲線交
叉，相映相稱，構成新
穎別致的格局，著意刻
畫仕女輕揮紈扇，脈脈
含情之態。從圖中可以

窺見當時人對於仕女的審美情趣。閔貞傳世的人物畫以粗放寫意者居多，此幅用筆嚴謹，人物線條的勾勒較為流暢自如，是風格清麗的工細之作，為作者五十歲時的作品。

《巴慰祖像》為清代安徽省著名書畫家、篆刻家巴慰祖的肖像。素來信佛的主人公趺坐於繡團之上，身披紅裳，似羅漢狀。人物面部寫實生動，參用西方繪畫技法，暈染有致。而衣紋卻用枯筆焦墨勾畫。繡團又用工筆填彩寫出。整個畫面虛實相合，工寫相輔，形成獨特的藝術效果。

萬個（生卒年不詳），江西人。朱耷弟子，會用一筆劃出山石，而石之凹凸淺深曲直肥瘦，無不畢具。所寫花鳥及題款，都神似八大。（《鄭板橋集》《榆園畫志》）

牛石慧（約1628-1707），南昌人，係明太祖第十七子朱權後裔，又說為八大山人朱耷之弟。

▲ 圖 2-37　閔貞《巴慰祖像》立軸，紙本設色，縱 103.5 釐米，橫 31.6 釐米，北京故宮博物院藏。

明末清初畫家。道士。傳即朱道明，字秋月，道號望雲子。明宗室，弋陽王孫。按其族叔朱謀垔在《畫史會要》中載有族侄統鍥，字仲韶，寫花卉用墨有神，無俗氣。第賦性偏僻，每以畫自矜貴，為人所嫉。其「鍥」字，似與「牛石」二字有關，疑即牛石慧。[2] 明亡後，皇室子孫多隱姓埋名，潛伏山林。牛石慧也隨家避於新建、奉新等地。後在奉柔佛巴魯中入牛石庵（一名柏馥寺）為僧。順治末年回南昌，又由僧轉而為道。據《淨明忠孝宗譜》載，他於康熙二年（1663）與朱道朗同時隱居南昌市郊青雲譜，取道名朱道明，道號望雲子。卒後葬南昌牌樓山下，現遷回青雲譜。

牛石慧能書善畫，得兄八大山人（朱耷）影響，筆墨更粗獷簡練。字露鋒芒，近黃魯直（庭堅）一格。嘗署名「牛石慧」三字草書寫成「生不拜君」字樣，其反抗清朝統治之情緒可以想見。牛石慧這個名字，除了他簽署字畫作品外，極少公開出現。牛石慧擅長花鳥，尤喜畫人物山水，筆情畫意充分表現了他的磊落不平之氣。他的書法藝術和八大山人相近，然筆墨則較八大山人要粗獷潑辣。牛石慧的繪畫作品有《墨貓》《雞鳴》等，書法有《草書唐詩》《草書醉翁亭記》等。他的作品留傳至今極少。有《貓》現藏故宮博物院，《松鷹》今藏上海博物館。

吳嵩梁（1766-1834），字子山，號蘭雪，江西東鄉人。他是嘉慶五年（1800）的舉人，以內閣中書官的職位到貴州黔西任知

2　《文物》，1960 年第七期。

州。能作詩，書法學蘇、米二家。他跟隨汪梅鼎學習畫蘭，出筆即秀逸。著《香山館全集》。卒年六十九。（《墨林今話》《清朝書人輯略》《甌缽羅室書畫過目考》《清朝書畫家筆錄》）

　　李秉禮（1748-1830），字松甫，一字敬之，號韋廬，臨川（今江西撫州）人。他曾寓居廣西桂林。官至刑部江蘇司郎中。他的父親李厚齋，以鹺業起家，寄居桂林北郭，依疊彩山築別墅曰環碧園。喜歡結交同時代的畫人，比如吳縣的宋光寶、陽湖的孟覲乙都與他交往過從。李秉禮善於作詩，嗜好書、畫，他的昆季及子侄輩都跟從他學習繪畫，所以他家一門風雅，為桂林寓公之冠。著有《韋廬詩集》。卒年八十三。（《粵西先哲書畫集序》《畫林新詠》《清史列傳》）

　　李秉鉞（**生卒年不詳**），字蕙甫，臨川（今江西撫州）人，寄居廣西桂林。他是李秉禮（1748-1830）的弟弟。官至汀漳龍道。善畫倪瓚風格的山水。（《粵西先哲書畫集序》《墨林今話》）

　　陳偕燦（**生卒年不詳**），字少香，江西宜黃人。他是道光元年（1821）的舉人。做過福建惠安知縣。擅長書畫。（《江西通志》《畫家知希錄》）

　　黃海（**生卒年不詳**），字臥雲，婺源（今屬江西）人，他在咸豐年間曾居上海數年。擅長書法及篆刻，擅繪山水。初宗董源，後仿荊、關，他最擅長畫松桐，多用水墨。晚歲尤工小楷，喜用雞毫。卒年七十九。（《廣印人傳》）

　　黃裕（**生卒年不詳**），原籍婺源（今屬江西）人。寄籍江寧（今南京）。咸豐年間到了上海。善於作詩，善於畫花卉，初師陳淳。後法惲壽平。（《海上墨林》）

萬上遴（1739-1813），字殿卿，號輞崗，他曾是江西分宜拔貢生。善於山水，有浪漫主義作家的情緒。他用指墨作梅花，於揚、湯之外，別開生面。亦能畫墨蘭。卒年七十五。（《畫林新詠》《懷古田舍梅統》《明清名人畫竹冊》）

丁峻（生卒年不詳），字潛生，南昌人。官至浙江按察使。善於畫馬，頗得趙孟頫八駿圖遺意。（《寒松閣譚藝瑣錄》《南昌縣誌》）

王有年（生卒年不詳），字硯田，江西金溪人。他是進士，官至司理。山水饒有趣味。（《畫傳編韻》《國朝畫征錄》）

王兩峰（生卒年不詳），一作雨峰，江西婺源人。以丹青繪畫著名。（《婺源縣誌》）

王起龍（生卒年不詳），字德元，江西婺源人。他是王兩峰的孫子。人物寫真頗得神韻，尤其擅長畫花卉。（《婺源縣誌》）

王埜（生卒年不詳），字草臣，贛縣人。善於畫水墨松梅，對於翎毛雞鷹尤擅名。（《贛縣誌》）

王詩（生卒年不詳），字志庭，婺源（今江西婺源）人。他在當時以繪畫出名，特別擅長畫蘭、竹、水仙。（《婺源縣誌》）

丘淩（生卒年不詳），字公偉，贛縣（今江西贛州）人。善於畫畫。（《贛縣誌》）

朱振本（生卒年不詳），字備萬，江西高安人。他是道光時的舉人，以書畫著稱。（《江西通志》）

朱韶（生卒年不詳），字仲韶，南昌人。他擅長畫山水。（《圖繪寶鑒續纂》）

朱瀚（？-1857），原名時序，號寅安，江西人。他是道光二

十年（1840）的進士。擅長畫墨梅，頗似金農。道光十五年
（1835）他作《梅花圖》，現藏故宮博物院。（《歷代畫史匯傳補
錄》《宋元明清書畫家年表》）

　　何象賓（生卒年不詳），字子嘉，臨川（今江西撫州）人。
他曾經在蜀地做官。擅長寫詩，善於畫著色蘭花，很有蔣予檢的
遺韻，生動靈活，堪稱妙品。（《益州書畫錄補遺》）

　　何賓笙（生卒年不詳），江西清江（今江西樟樹）人，擅長
畫畫。（《中國畫學全史附錄》）

　　李仍（生卒年不詳），字漢孫，號蘇齋，南昌人。擅長畫
畫，雖然追法宋元人，也能自出新意。（《江西通志》）

　　李必昌（生卒年不詳），字蘭生，臨川（今江西撫州）人。
他曾經做過長沙司馬攝武陵縣令。他畫的山水、花卉都很秀逸。
（《歷代畫史匯傳附錄》）

　　李秉銓（生卒年不詳），字香甫，臨川（今江西撫州）人，
寄居廣西桂林。他是李秉鉞的弟弟。官至金衢嚴道。他擅長篆
隸，畫的墨蘭頗得趙孟頫遺意。（《粵西先哲書畫集序》《墨林今
話》）

　　李秉綬（生卒年不詳），字芸甫，一字佩之，號竹坪，臨川
（今江西撫州）人，寄居廣西桂林。他是李秉銓的弟弟。他擅長
書畫，畫的梅竹特別好。興到落筆，不落俗套。他的寫意雜卉，
大約以沈周、陳淳為宗，旁及徐渭、石濤、華嵒諸大家。他畫蘭
石則專師錢穀，縱逸秀挺，為世人所賞。道光十一年（1831），
他曾經作《蒼松柱石圖》。（《粵西先哲書畫集序》《墨林今話》）

　　李宗湛（生卒年不詳），字小芸，臨川（今江西撫州）人，

他曾經流寓廣西桂林。他是李秉禮的侄子，是秉綬的兒子。八歲的時候就能領悟書畫的堂奧，作擘窠書，畫的竹石也很好。（《粵西先哲書畫集序》《畫林新詠》）

李宗涵（生卒年不詳），字少甫，臨川（今江西撫州）人，他曾經流寓廣西桂林。他是李秉禮的侄子。擅長畫花竹翎毛。（《粵西先哲書畫集序》《畫林新詠》）

李慧（生卒年不詳），女。字小香，臨川（今江西撫州）人，她曾經流寓廣西桂林。她是李秉銓的女兒。善畫花鳥，師趙文淑而妍秀勝過其師。（《粵西先哲書畫集序》《墨林今話》）

汪志曾（生卒年不詳），字養可，婺源（今江西婺源）人。他能以箸代筆，山水不遜於汪都，畫竹尤其入神。他性格幽僻，崇尚氣誼，如果來者不善，即使出價百金為酬也不作。善於作詩，百技精妙，圖章篆刻奇古，八十歲的時候尤善行草。（《婺源縣誌》《廣印人傳》）

邵方（生卒年不詳），字咸亨，吉州（今江西吉安）人。他擅長畫畫。（《國朝畫征錄》）

帥念祖（生卒年不詳），字宗德，號蘭皋，江西奉新人。他是雍正元年（1723）的進士，官至禮科給事中、陝西布政使。擅長指畫花卉，也畫山水，能作詩。（《清畫家詩史》《國朝畫征錄》）

胡崇道（生卒年不詳），字仲醇，金溪（今屬江西）人。他舉孝廉，為縣尹。他畫花鳥雖然是從周之冕一路入門，但是卻能自由如意地體現自己的特色。（《圖繪寶鑑續纂》《畫傳編韻》）

胡浚源（生卒年不詳），字甫淵，寧州（後改為義寧州，即

今江西修水）人，他做過商水知縣。為人性情冷淡，歸隱後以書畫自娛。（《江西通志》《畫家知希錄》）

修梅（生卒年不詳），僧人，江西人，他住在匡廬（即今廬山）。善畫墨梅。（《寒松閣談藝瑣錄》）

徐芳（生卒年不詳），贛縣（今江西贛縣）人。他善於詩畫。（《贛縣誌》）

徐敬（生卒年不詳），字信軒，江西人。他曾做過糧道方面的小官。善於畫竹。（《讀畫輯錄》）

塗岫（生卒年不詳），字平山，南昌人。他擅長畫人物，神采刻露，生氣拂拂。也能畫花卉，尤其擅長畫菊花。與他同時代的南昌人蔡秉質擅長畫鵝，南昌人閔應銓擅長畫蟹，臨江的黎坤擅長畫山水，彭廷謨擅長題詠，所以當時有塗菊，蔡鵝，閔蟹，彭詩之稱。（《清畫拾遺》《南昌縣誌》《江西通志》）

馬驤（生卒年不詳），江西人。他做過揚州同知。擅長山水畫，畫面細秀古逸，有元人的氣韻。（《國朝畫征續錄》）

張於栻（生卒年不詳），南昌人。他擅長畫畫，仿自王叔明（蒙）筆意。跟從上官周學畫，往來於閩、浙。（《南昌縣誌》）

許權（生卒年不詳），女。字宜娛，江西德化（今九江）人，她是震皇的女兒，湖口進士崔謨的妻子。她擅長刺繡，尤其擅長白描法。七歲時她就能寫詩，有《問花樓集》。（《崔謨撰許宜人傳》《清畫家詩史》）

陶家馴（生卒年不詳），字賓秋，南昌人。他跟隨他的伯父來蜀，攝德陽縣篆。嘗寫梅花大幅贈友，題詠雋永。（《越畫見聞》）

陳堯英（生卒年不詳），《畫家知希錄》引文作陳堯莢，今依《歷代畫史匯傳》。江西贛縣人。他善於丹青繪畫，尤精傳神。州牧黃汝銓命其子涵向他拜師。臨終前贈他一塊匾額曰「樂志雲林」。（《贛縣誌》）

陳岩（生卒年不詳），字卓公，臨川（今江西撫州）人。他善畫山水、花鳥，生動有致。（《圖繪寶鑒續纂》）

陳福慶（生卒年不詳），字子壽，錢塘（今杭州）人。他曾經做過江西通判。善於書畫。（《杭郡詩三輯》）

彭選（生卒年不詳），字芝峰，江西鄱陽人。他做過瓊州府同知。擅長書法和白描人物，娟秀之致，出於毫端，尤其喜歡畫洛神圖。（《江西通志》《墨香居畫識》）

程剛中（生卒年不詳），字子潛，江西瑞昌人。善畫山水，曾經畫過廬山圖進呈。（《江西通志》）

閔應銓（生卒年不詳），字六長，自號湖上散人，南昌人。他擅長畫蟹，與塗岫是同時的，有「閔蟹」之目。（《江西通志》《清畫拾遺》）

黃嵋（生卒年不詳），號兩峰，江西南城人。歷官江蘇知縣。善於畫山水，以高曠為宗，不落俗套。（《墨香居畫識》）

萬岡（生卒年不詳），字輞川，江右（今江西）人。他擅長畫梅花，也畫山水，當時的人以王蓬心（宸）、錢竹初（維喬）兩家與其作相比。（《墨林今話》）

熊高福（生卒年不詳），字兼五，江西寧州（今修水）貢生。他家有活水園別墅，喜與名士觴詠其中。善於書畫。有《雪研詩抄》。（《清畫家詩史》）

熊暉（生卒年不詳），字曦南，號曉穀，一作晴穀，江西宜黃人。他的父親熊歧梧，善於畫人物，他小時候就很聰明，於是改變家法，畫山水。起初，他師從董邦達，後受聘於弘旿、永瑢。他的胸中富有丘壑，長條巨幅，運筆如風，尤善於摹古。嘗為鳳岡春曉圖，題者甚多。（《江西通志》《讀畫輯略》）

　　劉幬亭（生卒年不詳），江西贛州人。善畫佛像，是趙征的老師。（《圖繪寶鑒續纂》）

　　文廷式（1856-1904），字道希，號芸閣，晚號純常子，江西萍鄉人。他是光緒十六年（1890）的榜眼，官至侍講學士，受到德宗的知遇，屢有奏陳。戊戌政變（1898）時擔心遭到不測，出亡日本。主要創作山水畫。卒年四十九。（《清畫家詩史》）

　　汪琨（1877-1946），字仲山，江西婺源人。他的山水畫宗王翬，又工花卉。卒年七十。（《海上書畫名家年鑒》）

　　周壽祺（1872-1940），字鶴年，又字鶴巢，別署梅隱，江西吉安人。清末，仕宦湖南。善作詩詞，寫工筆花卉，極為秀逸。他的朋友煉霞，擅長詩詞、書、畫，能承其學。（《楓園畫友錄》）

　　勒深之（1853-1898），字公遂，一字省旃，一作字元俠，江西新建人。光緒十一年（1885）拔貢。性情豪放，博學，特別擅長寫詩，也擅長書、畫。他的書法仿瘦金體，用筆如枯藤，瘠而堅凝。他的山水畫學戴熙，間作花卉亦靜逸。他還曾經模仿文徵明的雙鉤水仙，風致嫣然，響絕塵埃。也能畫蘭。卒年四十六。（《寒松閣談藝瑣錄》《清畫家詩史》）

　　黃起鳳（1889-1939？），字曉汀，江西上饒人，旅居上海。

工山水，饒有書卷氣。抗戰期間去世。（《楓園畫友錄》）

　　李瑞清（1867-1920），字仲麟，號梅庵、梅癡、阿梅，晚號清道人，玉梅花庵主，戲號李百蟹。入民國署「清道人」。臨川（今屬進賢縣）人。教育家，美術家，書法家。中國近現代教育的重要奠基人和改革者，中國現代美術教育的先驅，中國現代高等師範教育的開拓者。一八九三年恩科舉人，一八九五年進士，授翰林院庶起士。一九〇五年分發江蘇候補道，署江寧提學使，一九〇五到一九一一年任兩江師範學堂（現東南大學、南京師範大學等校前身）監督，即校長，一九〇六年正式上任。並一度被委任為江寧布政使、學部侍郎，官居二品。晚年寓滬。去世後，南高師校長江謙為褒揚李瑞清的功績，在校園西北角六朝松旁，建茅屋三間，取名梅庵，並懸柳詒徵手書李瑞清所定校訓：「嚼得菜根，做得大事。」一九二〇年在南京市病逝，葬於牛首山。南京高等師範學校為表彰其辦校功績，特建亭於校園，曰「梅庵」。後來，家鄉人民為紀念這位書畫家、教育家，將其生前住過的府前街改名梅庵路（今撫州區羊城路）。

　　李瑞清通詩、書、畫，尤精書法。自幼鑽研六書，學習書法，對殷墟、周、秦、兩漢至六朝文字皆有研究。為一代書法宗師，也是中國高等書法教育的先驅。李瑞清的書法，上追周秦，博宗漢魏，各體皆備，尤工篆隸。其書法「秀者如妖嬈美女，剛者如勇士揮槊」，瀟灑俊逸，各具神態，以篆作畫，合畫篆為一體。李派書學熔鑄古今，不偏不倚，至博且精，勇開風氣，所播深遠直至當代，為薪火相傳的金石書派。著名國畫大師張大千、著名書法家胡小石、李仲乾、黃鴻圖皆出自其門下。

李瑞清也是清末民初的著名畫家，擅丹青，山水、人物、花卉，繪畫涉獵廣泛。山水師法原濟、八大山人，花卉宗惲南田。所繪松石、花卉意境獨特，尤擅畫佛。

王雲（1887-1934），字夢白，號破齋主人，祖籍江西豐城，出生於浙江衢郡。王夢白早年求教於任伯年、吳昌碩，確立了自己的風格。民國初年來到北京，得陳師曾（陳衡恪）引薦，擔任北京美專教授。並於此時開始鑽研清代揚州畫家李、華喦，揚州畫家強調主觀表現、注意詩書畫結合的作風，給予王夢白較深影響。同時他十分注重寫生實踐，每遇上映動物題材影片，則攜弟子王雪濤同賞，時慨：「此中世界尚有人性在也！」故其所畫大小動物格外靈動傳神。其花鳥畫法新而不浮華，富於激情而不浮躁。此幅作品吸收海派用色的特點，又兼顧生物自然形態的多姿多彩，是幅可愛的小品。他對二三十年代的北京花鳥畫壇很有影響。王

▲ 圖 2-38　王雲《杜牧詩意圖》

夢白一生落拓不羈，年未不惑，卻若長髯仙翁，每遇不平，詼諧嘲罵，愛之者稱他是「畸於人者侔於天」。

　　王夢白的繪畫師承吳昌碩、任伯年，李復堂、華新羅，但他的聰明之處在於吸取了吳的用筆、任的巧趣、李的用墨、華的清麗淡雅。由於深受陳師曾、金城的影響，骨子裡還是非常傳統的，他沒有流於粗俗、濃豔、尖銳的習氣，無論是在筆、墨、色等技法的運用，還是寧靜、溫和、典雅的畫風和題跋、詩詞中都不同程度地表現出傳統文人畫較為深沉的特質，形成了一種兼工帶寫，既重視傳統亦不失時代風尚，且清新雅逸的風格。從他的畫作看，其花卉多牡丹、茶花、海棠、芍藥、松柏和蔬果等傳統題材，鳥獸動物則多八哥、魚鷹、雞、蝦、鷹猴、羊、貓、犬、豬等。花卉多用沒骨、草書筆法寫之，見墨筆《芍藥圖》《茶花博占圖》《紅白牡丹圖》等，其鳥獸採用粗筆、細描、點垛等多種筆法，用筆簡潔但極其傳神逼肖，其線條沉穩、堅實得益於吳昌碩。他善於用墨和色，墨色純淨中又見五色保全。淡墨處筆筆清晰，水墨兼融，透明而富有質感；濃墨處醒目深刻，透出一種異樣的華美和大氣。色彩者多用藤黃、花青，少用紅，清雅無俗氣，見《芋蝦圖》《牡丹雞石圖》等。其畫面常以墨色配以淡淡的土黃、青綠色，流露出一絲憂傷、孤獨和思鄉的情懷。他自幼寄人籬下，嘗盡了人間的孤苦、悽楚和冷漠，性格極端。偏執、孤傲，不善與人交。時逢朋友相聚舉杯暢飲時，他往往議論風生後又使酒罵座，因此多遭同道厭惡，避而遠之，他只能躲避、神遊在花鳥世界中。在他的花鳥作品中，清麗的花草都不曾燦爛怒放、鮮豔嬌嫩，閒適的鳥獸雖然神態逼肖但缺少一些靈動和生

趣，畫面寧靜、雅逸。從筆墨中可以看出，遊弋在這個世界中，他的心情是那樣的平靜、溫和，毫無狂躁、緊張的情緒，畫中的他和生活中的他可謂判若兩人。但畫面中鳥獸的隻身獨影，見《雉雞海棠圖》《八哥延齡圖》《松鷹圖》等，還是流露出一種孤獨的憂傷。由於生活潦倒、體弱多病，窮困、孤苦的他早逝於天津。雖然命運、生活對他不公，但我們仍然可以從他的畫作中感受到一種不屑於命運坎坷、對藝術執著不棄的態度。

《墨豬圖》，癸亥年（1923）為金城而作。金城（1878-1926），字拱北、亦字鞏北，號北樓，又號藕湖漁隱。出身吳興世家，畢業於倫敦大學法律專業。後赴法國、美國考察法律和美術，回國後任民國眾議院議員、國務院秘書等要職，還參加蔡元培在北京大學創立的「畫法研究會」，一九二〇年與陳師曾等發起組織了「中國畫學研究會」。擅長山水、花鳥，工寫兼

▲ 圖2-39　王雲《柳綠春洗圖》

之，筆墨非常傳統，是民國初年活躍於北京的頗具才情的畫家。該畫面坡石上一棵筆直的棕樹，不用線勾，直用淡墨粗筆劃出樹幹，任其飛白，幾筆濃墨畫出層層棕皮，樹幹顯得粗壯、渾圓而富有體積感，棕葉的用筆雜而不亂，墨色運用恰到好處，潤枯榮衰好似自然天成。最為可愛的是墨豬，這俗不可耐的動物在作者嫻熟的筆墨下顯得那麼可愛，憨態可掬。其用筆之簡、之果斷、之清晰，墨色之巧、之趣，令人拍手稱絕。畫面的構圖、佈局頗具匠心，他巧妙地將豬尾貼近畫幅的邊線，使之頭部留出一段空隙，既突出了主體，又不使豬身佔據整個橫向畫面產生堵塞感，加上貼邊的一行小字題款，作品的整體佈局、筆墨、氣韻極佳，令人賞心悅目，回味無窮。

《杜牧詩意圖》（圖 2-38），繪於乙丑年（1925）。他根據唐代詩人杜牧的「遠上寒山石徑斜，白雲生處有人家。停車坐愛楓林晚，霜葉紅於二月花」詩意所作。畫面一老者停車坐於楓樹下，欣賞著滿目秋色、流丹雲霞，流連忘返。至於雲外的山、山上的人家，畫家卻給讀者留下了一個廣闊的想像空間。王雲是一位在繪畫技法、構圖、畫意等多方面都非常重視傳統的畫家，其樹法既寫實又不拘泥，根據樹種的特點，採用不同的皴、染、點等手法表現不同樹木的材質，豐富了繪畫語言。而畫面的人物形態、筆墨顯然出之任伯年，這也是王雲作品中少有的人物畫之一。

《柳綠春洗圖》（圖 2-39）寫於丙寅年（1926）臘月。畫面上幾隻南方鄉間常見的八哥在柳邊水塘中嬉戲、浣洗，柳條上嫩綠的新芽、水草茂密碧翠，石頭上的綠苔斑斑駁駁，一片寧靜清

爽，好像春雨剛過，空氣中夾雜著青草的香味撲面而來，令人勾起一種莫名的懷舊情感和對鄉間、大自然的美好嚮往。這張畫的佈局滿，上半部柳條旁一塊僅有的空白也題寫上了長段七言詩，如此滿堵和大段題跋，這在他的作品中不曾多見。水草和石苔用筆迅疾、線條粗實，尤其是墨色層次不夠，有點髒亂、粗率，與其習慣不同。柳枝細長低垂，設色清淡，有華新羅的意韻，特別是水塘中那塊佈滿青苔的橫狀石頭，嚴嚴實實地堵住了橫向畫。是怎樣的情緒讓他作出如此的畫面、筆墨，也許我們只能從他的題畫詩中找到答案。「記得聯翩浣綠蔭，春波淺淺意深深。攀條易撒黃金手，捉絮難牽碧玉心。舊侶隨風吹盡散，新愁如雨晗相侵。何堪更送君歸去，無限鄉愁感不禁。楓橋橋畔舊曾游，曾聽寒皋話晚秋。十載未停新家舫，三年又送故人舟。羨君蓴菜思能得，笑我萍根泛不收。此去重逢知未久，明年相待

▲ 圖2-40　王雲《白菜圖》

水邊樓。」這兩首七言詩表現王雲身處寒冬臘月、冰天雪地的北方，見到老家來的友人，兒時玩耍和故鄉春天的情景歷歷在目，十年未歸的他，思念家鄉和親人的情感真切感人。在即將告別老鄉時，強烈的思鄉情緒讓這位遊子的筆墨、畫面如此沒有了畫理和不可控制。雖然他早年失去雙親，但仍無法割斷對家鄉一草一木，對親情、童年的那份無盡眷念，難怪人們常說「家鄉就是『一種永遠的思念和牽掛』」。

《白菜圖》（圖2-40），己巳年（1929）與高希舜合作。高希舜（1895-1982），號一峰，湖南桃江人。曾任職於中國

▲ 圖 2-41　王雲《群猴圖》

藝術研究院美術研究所，花鳥畫家。王雲畫白菜、辣椒，高希舜畫一束查草（俗稱黃花）。白菜梗用粗線勾畫，線條圓潤、粗細、飛白任其自然寫就，不加修飾，菜葉用不同濃淡的墨色點，層次分明，新鮮翠綠，查草葉及花皆用沒骨法，色彩淡雅，顯得輕巧而靈動。不但沒有破壞畫面的格調，卻使得看似零散破碎的畫面驟然貫成一氣。足見作者是一位熟通構圖之道的高手。題跋「如此蔬食與野僧何異。冬心雲心出家庵粥飯僧，予與一峰亦可當得，湘贛喜食辣，再補之以青椒味更美，是亦口欲也。己巳年一峰合作，王雲書。」

《群猴圖》（圖 2-41）是作者癸酉年（1933）的作品。他喜畫猴，有多幅作品存世，但這件作品的墨色不及常見的秀潤，線條尤其老辣。樹幹用枯筆短斜線畫出，以皴帶勾，表現了樹質的堅硬和蒼老。樹葉稀少，加之荒禿的山石，呈現出一種衰敗、蕭瑟的氣氛。即使一群形態各異、生動的大小猴子在樹上樹下嬉戲耍鬧，也沒能給畫面增添多少生氣和熱鬧的氣氛。此時的他年齡並不大，但生活的貧困、艱辛、孤獨，把他折磨得心力交瘁，以至心、筆過早衰老。這些有款、無款的畫，幾乎都是夢白二〇年代以後的中晚期作品，不僅代表了這一時期他的筆墨藝術的基本面貌和特徵，同時也使我們進一步瞭解了他的生命過程。有的畫只需用眼睛看，有的畫則必須用心去讀、去體味；有的畫看一遍足矣，有的畫其構圖、詩、跋、線條、墨、色則會引發你對作者的生活經歷、思想、藝術乃至生命產生一種好奇、探求和追

問。**3**

　　《松鷹圖》，無款，從筆墨看當是其二〇年代末期的作品。構圖簡潔大膽，松枝和松針的用筆不同，形成了較強的視覺反差。松枝用粗線濕墨雙鉤或單線畫出，運筆較緩，墨色飽滿，線條圓渾。而松針細勁、快速的用筆，表現了作者極好的控制能力和敏感的筆觸。一隻碩大的鷹單腳獨立在枝頭上歇息，胸腹上僅用幾筆淡墨，厚厚的羽毛顯得如此蓬鬆，而雙翅採用大小橫點，筆隨形走，形以筆現，展示出羽翅的質感和力量。整幅作品筆墨極簡，足以表現其高超的概括能力和扎實的寫生功底。雖然鷹的氣宇不太軒昂，身姿不夠偉岸，目光不盡犀利、警覺，但他用如此筆墨概括表現了鷹的另一種霸悍、狂肆、野逸與安靜、閒適、無懼的神態，或許這正是作者冷眼觀世界的自我寫照。畫面筆墨乾淨，松針上的幾點濃墨，更使畫面精神倍增，這的確是一幅兼斯文與狂野、集理性與感性於一身的佳作。畫作上角有陳年題跋「夢白所作遺墨多半無題，予茲為其一一記之」。陳年，浙紅紹興人。曾與夢白一起任北平藝術專科學校教授，是民國初年活躍在北京的知名畫家，後任北京畫院副院長。以修養全面，功力深厚，畫藝全面、傳統、精到著稱。

3　胡丹：《王夢白及其花鳥畫》，《收藏家》，2006 年第 5 期。

第五章

羅牧與江西畫派

　　清代畫派林立，清初的江西寧都人羅牧開創了江西畫派，成為江西畫派的鼻祖。羅牧畫風「林壑森秀，裡氣瀚然」（張庚《國朝畫征錄》卷中），風靡一時，獨具風格。儘管現代有人說羅牧筆墨粗率，無甚精意，僅為以地方名家而已，但羅牧及江西畫派仍是畫史上避不開的一筆。由於羅牧無詩文集流傳於世，畫史記載甚為零星、簡略，國內外學者亦尚未作深入探討。據本文作者黃篤運用調查和文獻學相結合的方法，試圖對羅牧的身世、生卒、生平思想、交遊行跡、畫風演變等問題做一探究，以彰顯羅牧在清初畫壇上的地位和影響。[1]

第一節 ▶ 羅牧生卒年與家庭環境

　　據黃篤文章稱：「關於羅牧的生卒、家庭，畫史記載寥寥。」

1　引言、第一節、第二節、第三節材料主要來自黃篤《江西派開派畫家羅牧的幾個問題》，《美術研究》，1989 年第 1 期。

清張庚《國朝畫征錄》載「羅牧，字飯牛，寧都人，僑居南昌……」其他畫史著作諸如《桐陰論畫》《國朝畫識》《國朝書畫家筆錄》《清畫家詩史》，近人俞劍華《中國美術家人名大辭典》和瑞典人喜龍仁《中國畫》的敘述大同小異，而郭味渠的《宋元明清書畫家年表》和江西省博物館劉品三的羅牧的十二條山水屏（見《文物》），雖對羅牧的生年做了推斷，並概述了畫家的創作，但未提羅牧的卒年與家庭情況。黃篤在江西省寧都縣城北約四十五公里處的釣峰鄉黃潭村發現了《龍門豫章羅氏十四修族譜》，《族譜》現由羅氏同一公房羅元傳的後裔羅科顯保存。該譜共兩大厚冊，木板線裝，殘損嚴重，由森敬儀氏刊於道光二十六年。雖然時代較晚，但以舊譜為依據，故翔實可信。據載，羅牧先輩羅元傳於明天順年間從釣峰遷入黃潭建村。

　　《族譜》的發現，提供了羅牧身世、家庭和生卒的大致線索，一些問題得以澄清。羅牧生卒年的記載非常明確，生於明天啟壬戌年（1622）七月十一日，卒於清康熙戊子年（康熙四十三年，1708）十一月初二日，卒年八十七歲。《族譜》印證了郭味渠《年表》對羅牧生年的推斷，也證實並補充了劉品三關於羅牧康熙丙戌（1703）冬八十五歲尚在的說法，使羅牧的生卒年問題迎刃而解。

　　《族譜》還記載了羅牧的子孫和婚姻情況。據載，羅牧長子「貴玉，字伯珩，于大清順治九年壬辰年（1652）十二月二十七日生，至大清康熙二十八年辛未年（1691）六月初五日歿，葬萬解裡馬嶺月形」。《族譜》又云，羅牧「繼娶蔡氏」。據乾隆十六年修《南昌縣誌》卷四十一載：「牧有妾蔡氏、孫泉皆善畫，頗

有家法。」依《南昌縣誌》記載可知，羅牧家人蔡氏、孫泉皆善於繪畫，頗有家法，無疑深受羅牧繪畫的薰陶和影響。[2]

第二節 ▶ 羅牧生平思想、交遊管窺

據黃篤《江西派開派畫家羅牧的幾個問題》：「羅牧活動於明末清初的特殊歷史變化時期，屬於遺民畫家。」倘若要認識他的思想與藝術，則須探討他的生平、家世、行實與交遊。對此本文據《族譜》等文獻略做管窺。

在原《族譜》世系表中，本文所列降公房列傳表中諸人各立專欄，欄中記其名字、功名、妻室、子息、生卒、墓葬等，為世所鮮知。像羅牧祖父欄，降心房列傳載：「達綸，字浩泉，於明嘉靖癸亥年（1653）二月二十六日生，至明萬曆戊午年（1618）九月十一歿。娶陳氏……生子四：必選、必遠、必遇、必通。」關於其父必遠，《族譜》記載：「必遠，字士宏，于明萬曆戊子年六月初四生，至大清康熙乙酉年十二月二十四日歿，娶丁氏，生歿失考，夫婦合葬歸仁里浮檻渡蟠龍形。生子四：天富、天貴、天榮、天華。」從以上記述來看，羅牧的祖父、父輩皆為布衣，其父羅士宏是一個六口之家的貧苦農民。據羅牧後裔羅科顯依生輩的傳說敘述，羅牧出身寒苦低微，自幼聰穎，刻苦好學，

---

2 黃篤：《江西派開派畫家羅牧的幾個問題》，《美術研究》，1989 年第 1 期。

艱苦的環境，使他萌發了改變自己境遇的雄心和志向。明清之際，鈞峰有「富翁商賈，伏若州縣」之稱，一些富賈常外出謀生，羅牧對此有一定的感觸。少年時代，羅牧常喜歡在村邊放牛，故起用字為「飯牛」。然而，若理解「飯牛」的內涵，可把名與字結合為「牧牛」，即闡釋為放牛之意。筆者又發現寧都人對「飯」和「放」的發音頗近，「飯」實則是「放」的諧音。所以「飯牛」亦可理解為餵牛。又據文獻「飯牛」取自典故「飯牛歌」（見《淮南子・道訓》），其內涵既具有飼牛之意，同時又表露出羅牧懷才不遇。因此，圍繞「飯牛」的闡釋旨在對羅牧出身、地位的認識，從家世和名字的含義可窺見羅牧少年時代的基本生活情景。[3]

一、雲遊與結交

羅牧為了謀生和遊學來到了南昌。羅牧在南昌結識了許多明遺民文人、畫家。其一是南昌新建人徐世溥。約一六五三年，徐世溥有贈羅飯牛詩《羅飯牛攜畫至山中》。詩云：「又隨飛葉下江煙，與雁同來先雁旋。記得扁舟初過我，草堂門外水齊天。彩筆長懸夢裡思，十年古道見鬚眉。雲山本自無常主，更寫雲山賣與誰。」詩中「雲山」指羅牧創作米氏雲山風格的作品，這在他的藝術歷程中始終保持這種風格。寧都縣李核藏一幅羅牧雲山風

---

3 黃篤：《江西派開派畫家羅牧的幾個問題》，《美術研究》，1989 年第 1 期。

格的山水冊，日本人山口良夫亦藏羅牧仿米山水冊頁十二幅（見鈴木敬編《中國繪畫綜合圖錄》）。詩題的「山中」實指寧都山中，是年，羅牧自南昌返寧都山中，因得長子。據《族譜》載，羅牧所娶鄧氏于「明天啟五年乙丑年（1625）八月初四生，歿失考，葬省城」。如上文所述，羅牧約四十四歲在揚州「繼娶蔡氏」，所繼娶之蔡氏開始實為小妾。《南昌縣誌》卷四十一載：「牧有妾蔡氏、孫泉，皆善畫，頗有家法。」方士琯（鹿村）《鹿村詩文集》有「聞羅飯牛先生買妾揚州，戲成卻寄」。詩云：「望子歸裝久，秋過冬又殘，新從駕被暖，肯憶蓼洲（注：時先生家住蓼水）寒。江水朝來急，風帆欲到難。深閨好惆悵，日日問長干（南京）。」鹿村歙縣人，僑居南昌，為羅牧摯友。此詩約寫於一六六五年，羅牧當時住蓼洲，蓼洲在南昌百花洲西南南塘灣外，兩洲相並，水自中流入章江。清初揚州商業經濟日趨繁榮，文人墨客雲集，市民階層對書畫的熱衷，形成了廣泛的藝術市場，吸引了大批畫家。羅牧在揚州的早期畫跡並無記述，但從他在揚州買妾之事，足以表明他以制茶和賣畫為生的經濟狀況有所好轉，隨後他攜蔡氏還南昌。《族譜》述蔡氏「生歿失考，葬省城，生子一貴應」。約一六六六年，揚州呈現不安定的局面，如龔賢詩云：「避賊不避兵，奔騰如驚禽。」（見《半畝園詩》）於是羅牧離開揚州到達南京，江南動盪的社會也使他無法久留，只得回歸江西。又據羅牧的同鄉摯友魏禧《書羅飯牛扇面》云：「往羅飯牛游吳越，吳越士大夫好之。」其繪畫深受吳越之士的推崇和讚賞。這是對羅牧在江浙一帶畫跡的明確佐證。

一六七〇年代末一六八〇年代初，羅牧又一次雲遊江浙，結

交了「金陵八家」之首龔賢以及被視為「寫生正派」的惲格等
人。上海博物館藏龔賢是年作《江村圖卷》的長跋如下：「壬戌
秋西江牧行者，目真州來曰，真州有許君頤民，近號蒼雪先生
者，頗嗜畫，因要余畫，余謝不能，敬推柴丈，不工，舊為作一
卷，復以一卷屬我，渡江索柴丈，柴丈其評我乎？余曰，飯牛子
以畫名西江，為前遜謝，余小巫能不氣縮也，行者亟重之，亦為
作一卷，去，茲余掛船迎鑾鎮訪里夏翁，於夏翁所得晤頤老，頤
老與余談甚洽，因邀至其舊讀書處，為余下榻為館報我，異日復
出一卷，謂余曰：昔人遇伯牙而聆高山流水之音，為何如子為我
鼓之，余復為作一卷，乃江材圖成，頤老約夏翁及其密契紫驂，
此各與今弟嵩期諸先生同觀之，惜未與飯牛行者一見也。今頤老
方征畫四方，且晚、雲奔、泉匯、鏗詢，合遝於一堂，則此二卷
而所謂高山流水者，僅足為下里巴人而已，諸先生笑，余亦笑，
並記之。半畝野遺生龔賢。」

　　據題跋所述，龔賢與羅牧相遇於壬戌（1682）年秋，是時羅
牧自近臨揚州和鎮江的真州（今江蘇儀征）來寧（金陵）。跋文
一方面表明羅牧為人謙虛，真州的許頤民，近號蒼雪，向羅牧求
畫，他敬推龔賢；另一方面反映了龔賢對羅牧的尊敬和讚賞。可
見羅牧已譽滿清初畫壇。龔賢《草香堂集》抄本有「贈竹溪老
人」詩文，羅牧許多畫款署「竹溪羅牧」，所以，此詩似為龔賢
贈羅牧詩。龔賢既是清初金陵的遺民畫家，又與復社或同情復社
的志士如顧與治、方文、吳嘉紀、屈大鈞等來往甚密。他一生清
苦，常往來於金陵和揚州。他與羅牧的互相推重說明他們在思想
上是相通的，在藝術上亦互為知音。

羅牧在揚州結交的另一位重要畫家是惲壽平，他們又都與毗陵文人胡香昊關係密切。胡香昊曾被列為「毗陵六逸」第三。據邵長衡《香草庵記》載：「吾友胡君以香草名庵，惲正叔（南田）為之圖。」而實際為胡氏創作繪畫的不只是惲格一人，還有羅飯牛，《香草堂圖》是他們的合作。據《胡芋莊小傳》述：「西江羅飯牛吾邑惲南田為作香草堂圖，桐城江磊齋跋其尾曰：畫裡雲山供大隱，意中丘壑屬長貧，蓋紀實也。」（見《毗陵六逸詩鈔》卷二）。顯然，《香草堂圖》為雲山風格，共同作畫反映了他們的深厚友誼。後來，由於羅牧年歲已高且身體衰拙，欲還江西，惲壽平在揚州遇先生，以詩贈之：「長天孤鶴又西飛，八月新涼到客衣。歌吹竹西留不住，滿江秋月一帆歸。」惲格雖歷來被列為正統派畫家，其實他的遺民思想很強烈，他與羅牧的交往，也是有共同思想基礎的。羅牧雲遊於江浙一帶，廣泛地接觸和結交明遺老與遺民畫家，他們思想相通，彼此推重，這對羅牧的畫風不無影響。**4**

二、羅牧與八大山人的關係

當時南昌的官員富豪有在廳堂中懸掛書畫之嗜好，這促進了繪畫的創作。一堂屏即四張八張或十二張條幅掛在一起，畫愈相聯或相通，山水多取春夏秋冬四景，人物畫多用四美人或漁樵耕

---

4 黃篤：《江西派開派畫家羅牧的幾個問題》，《美術研究》，1989 年第 1期。

讀，亦有四季花卉等。八大山人致東老書曰：「江西真個俗，掛畫掛四幅，若非春夏秋冬，便是漁樵耕讀。」（北京故宮博物院藏）。八大在信中還說，知縣索四屏，他只作三幅，「特為江西老出了口氣」。羅牧有《贈八大山人》詩云：「山人舊是緇袍客，忽到人間弄筆墨。」形容八大走入世俗，以賣畫為生。八大山人《仿元四大家山水四條屏》（現美國紐約王己千收藏）亦應是出售於購屏條者的作品。羅牧也繪製並出售屏畫，如流傳於世的《十二條山水屏》（現藏江西省博物館）、《四條山水屏》（現藏北京市文物商店）及《古緣萃錄》卷八著錄羅飯牛山水屏幅。據載，羅牧常被當地官僚召至官邸作畫，數日不歸放，牧不勝騷擾，決心從此不再畫畫。八大山人得知，寫信告訴羅牧「遺失得歸可也」。八大山人《致方士琯（鹿村）手札》十三通的第四函云：「牛未沒耳？昨有貴人招飯牛老人與八大山人，山人已辭著屐，老人寧無畫幾席耶？山人尊酒片肉之歲卒於此耶？遇老人為道恨他不少，且莫為貴人道。奉別來將一月，右手不倦，賞臣者倦矣。但可為知己道。十二月十三日，八大山人頓首。」（見《藝苑掇英》第 19 期）。八大山人致方士琯書札大約寫於康熙二十八己巳年（1689）。手札所述「貴人」雖未指名道姓，但看來似指剛出任的江西巡撫宋犖（字牧仲）。同一年，宋犖和羅牧友善，他們之間有唱和詩，而且在宋犖的舉薦下羅牧成為「御旌逸品處士」（見《族譜》），宋牧仲意在於使羅牧歸順清朝統治。羅牧雖與八大交往，但思想上不無區別。一六九〇年，八大作《孔雀圖》，以題詩暗諷宋犖，說明他遺民之心未死。羅牧的遺民思想則不如八大那麼外露突出，因為他正處於清廷代表宋犖和

明宗室遺民八大山人之間，內心充滿矛盾。他既保持與宋犖的友善，對旌表處士表示接受，同時又對八大山人的遺民思想深表尊重和理解。羅牧詩云：「山人舊是緇袍客，忽到人間弄筆墨……少陵先生惜不在，眼前誰復哀王孫。」羅牧與八大雖同為遺民，但因出身和遭遇的不同，致使他們對社會現實採取了不完全相同的態度。宋犖之與羅牧交遊，並替清廷籠絡羅牧，首先不在於他的顯官，而在於他是懂畫的大鑒賞家。羅牧於北蘭寺曾作壁畫《煙江疊嶂圖》。宋犖辛未年（1691）夏五月過北蘭寺目睹此畫，以詩記之曰：「煙江疊嶂堂中坐，流覽煙江登嶂圖。莫把清光浪摹寫，且須長句誦髯蘇。」是年宋犖在《送羅飯牛入廬山歌》中對羅氏同名卷軸畫又大加讚賞，全詩見後文。當時，宋犖是與王士禛齊名的鑒藏家，《國朝畫識》卷五稱宋犖「嗜古精鑒賞，自言暗中摸索可分真假，收藏甚富，一時以畫名家者，悉羅致於家，出其所藏囑摹副本，極為盛事，耳濡目染，遂得畫法，嘗寫水墨蘭竹小幅，疏逸絕倫，非丹青家所能窺也」（宋犖《題羅飯牛畫》、宋犖《綿津山人詩集》卷八）。

第三節 ▶ 羅牧的畫風演變及藝術成就

「羅牧工詩文、書畫，喜飲酒，善制茶。擅山水，初師同代人魏石床，後又宗法董源、黃公望。但師古能化，自成風格。其畫林壑森秀，筆法多變，水墨清潤淋漓，畫風深沉粗獷。代表作《煙江疊嶂圖》壁畫，有《寒江獨釣圖》《讀書秋樹根圖》《山水十二條屏》、《春溪歸帆圖》（圖 2-42）、《秋林孤亭圖》（圖 2-43）

等傳世。據《族譜》記載，羅牧「得冠石林確齋芥茶法，也善制茶……」又據羅牧同鄉魏禧《書羅飯牛扇面》雲：「往羅飯牛游吳越，吳越士大夫好之……」可以認定羅牧以制茶售茶為主業，並兼賣畫，其也因售茶遠地而交流漸廣，畫名也因此得以傳播。當時金陵名家龔賢為其題畫跋曰：「飯牛子以畫名西江。」大鑒賞家宋犖對羅牧山水畫更有讚語：「見子所作煙江疊嶂畫，畫壁才數尺，意與何瀟灑，一掩一重山肺腑，是略茅亭總光怪，猶雲此水石規摹董巨而為之，更有粉本迥出董巨外。」清畫史論著《桐陰論畫》將羅牧山水畫定語為「筆墨老到，丘壑渾成，頗為名流稱重」。又《國朝畫征錄》：「（羅牧）林壑森秀，墨氣瀹然，誠為妙品。」僅舉此片可知羅牧山水畫在當時的重大影響。

羅牧畫山水根據描繪物件的不同特點，使用不同的畫法，運用正鋒、側鋒，巧拙互參，隨筆轉折，任意揮灑。樹石輪廓多用勾勒法，和毛筆寫字一樣，轉折方圓，輕重疾徐，具見功力。畫山多用折帶皴，間以披麻和小斧劈皴；枯樹以鹿角枝和蟹爪枝並用，有的枯樹加藤蔓，更顯蒼老，樹葉則用大小混點、大小介字以及斜點、圓點、夾葉等多種畫法，顯得富於變化。他用墨沉靜，濃淡兼施，疏密、乾濕、濃淡互相交錯，與用筆的輕重、佈局的主其、圖像的動靜相結合，達到氣韻生動、靜穆淡雅的效果。

羅牧的藝術成就，主要在山水畫方面。他的山水畫，樹石蒼潤，單純有力，給人一種粗獷美的藝術享受。《山水十二條屏》每條長一百八十三釐米，寬五十二釐米，紙本，其中小著色六條，墨筆六條。一條題款為「丙戌冬八十五叟羅牧畫於種雲草

堂」，鈐「羅牧私印」和「飯牛」二白文印。六條小著色山水只用花青、赭石幾筆，有的樹、石還用赭石勾彩淡雅，呈現一種樸素的美。他的畫難得一見有著色的，這六條尤可珍貴。

《春溪歸帆圖》線條簡潔，皴擦不多，但那種嚴寒已過、春水蕩漾、風帆歸來、大地回春的景象躍然紙上。

《秋林孤亭圖》此幅畫樹多粗枝大葉，幹直勾，少皴，亦不多染，畫枝畫葉或以水墨漬點，或呈個字、一字形。山石雜以披麻皴，筆墨濃潤。

史載，清初以羅牧為主要代表的南昌「東湖書畫會」是當地民間文人、畫家「雅集」、吟詩作畫、切磋畫藝的組織，也即是後稱之「江西派」的原形。而至今「江西派」作品存世也不多見，故所存者視為珍品。

羅牧山水畫廣取博采，作品既表現了意境沉鬱的野逸情趣，又能吸引同代畫家惲格等人的「正統派」之經典風尚，漸而形成了多種類型的山水畫，一為行筆豪放、墨色沉著分明

▲ 圖 2-42　羅牧《春溪歸帆圖》立軸，絹本，水墨，縱 186 釐米，橫 45 釐米，日私人藏。

▲ 圖 2-43　羅牧《秋林孤亭圖》立軸，絹本，水墨，淡設色，縱 186 釐米，橫 45 釐米，日私人藏。

類；二為細筆乾皴類，其畫法嚴謹；三為表現煙雲的米氏山水類。這三類畫法在各山水屏中都有所表現。第一件山水屏充分體現了筆致的豪放和墨色的沉著。畫中一洲深入湖心，洲上竹籬茅舍隱現，綠菜蔬與垂柳夾道處，有一倚鋤背笠者執卷而讀，遁世隱者之形象在畫家筆下呼之欲出。全圖回環曲折，層次清晰，老筆紛披處，引人入勝。湖上平遠景色的描繪參用了倪雲林之章法、龔賢沉穩之墨法，使作品於靜穆中透出清新平和之氣韻。在第二條屏的表現中則使用了細筆皴擦的畫法。作品充分地描繪了江南蕪深夕露、柳暗雲低的景象。畫中驛館藏於叢柳中，渡舟倚岸，三兩惜別之人的惆悵使人想起白居易的「南浦淒淒別，西風嫋嫋秋。一看腸一斷，好去莫回頭」的詩句。古代驛館是迎送客人的場所，自然會引起遊子關於人生離合的感歎。羅牧為了表達出這種氣氛，使用了柔綿而乾渴的線條皴擦出坡頭小丘、枯木遠水的悲涼景色，達到一種視覺上的淒美感

受。此圖筆法精微沉鬱，遠線流暢含蓄，意境深遠，充分說明畫家對董源、黃公望筆墨深刻的理解和嫻熟的運用。在第三條屏中，我們又領會到了羅牧米氏山水畫法所給予的藝術真率。畫中的山水、層巒疊嶂，雲氣幻變。羅牧採用了遠中近多層次的表現手法，來加大畫面的空間感。其中近景山石方圓轉折，並巧妙合理又含蓄地運用了折帶皴、披麻皴進行描繪；遠山則用米氏山水畫法，造就了景色迷蒙，似有山雨欲來之勢。整幅畫未染翠色卻有翠意，山色之蒼茫，林泉之沉鬱，非高手莫及。此件作品有別於其他各幅的表現形式，是難得的佳構。第四條屏則運用了淺絳設色法來描繪秋天的煙波山色佳景。其畫法多用折帶皴，間以披麻皴及小斧劈皴相交而為之。著色使用花青、赭石淡淡層染並在樹石上偶用赭石勾勒數筆，淡雅的色彩，顯示出一種素樸之美。畫中樹石輪廓採用了勾勒法，用筆方中帶圓，輕重疾徐，頗見功力。此幅條屏右上邊著有一題款，款識為「辛未年八月羅牧畫於東湖亭畔」，並鈐有「羅牧私印」「飯牛」二白文印。

據作品所記「辛未年」號，作品應完成於康熙三十年（1691），這年羅牧方六十九歲，正值藝術創作的旺盛期。縱觀此套條屏，其筆墨簡闊，老健沉穩，畫中的奇樹峭岩，屋宇舟楫，流雲飛瀑，都體現出畫家潛在的明末清初遺民意識和寄情山水的隱逸思想。由於畫家對景物的諳熟和對詩境的追求，使作品達到可居可遊的藝術境界。這組山水條屏為研究和欣賞清初江西畫派的藝術作品多了一份翔實的資料。

清代張庚在《國朝畫征錄》中首先指出羅牧的繪畫風格「林壑森秀，墨氣墱然，誠為妙品」，肯定了羅牧的藝術成就。

　　明末清初董其昌提出的「南北宗」繪畫理論，為大批畫家所遵循。董其昌認為山水畫分為南北二宗，因畫法的不同，導致畫風相異，視南宗為文人畫，北宗是行家畫，揚南宗而貶北宗。於是，董其昌提倡的平淡天真、自然渾成等審美標準成為後來較多畫家的箴言。羅牧藝術活動主要在順治、康熙二朝，亦未能擺脫南北宗論的影響，而追求文人氣、士氣，並按照董其昌的理論原則，直接追溯到宋元名家董源、黃公望筆下。他對傳統的把握和融化使他成為清初文人畫壇中一位個性獨特的畫家。黑格爾說「風格就是人本身，風格在這裡一般指的是個別藝術家在表現方式和筆調曲折等方面完全見出他的人格的一些特點」（《美學》）。從羅牧的生活歷程來看，接表「旌表逸品處士」，是其採取入世態度的一面，而其繪畫則蘊含著遺世而獨立的人生理想，這是他的另一面。羅牧花卉、人物、山水兼善，突出者當推山水畫，其山水畫有三種風格：一種是擦筆皴，纖細而嚴謹；另一種筆致粗獷，墨色鮮明；第三種是煙雨迷蒙的「米氏雲山」風格。

　　據《江西志》《清畫家詩史》載，羅牧「畫得法于魏石床」。魏石床為寧都處士，《寧都直隸州志‧人物志》：「魏書，字石床……工詩詞，尤善真草、篆、隸，畫山水、竹木、鳥獸，窮態盡妍。甲申棄諸生，肆情著述。」羅牧約三十歲從魏石床學畫。然魏氏尚無作品流傳。關於羅牧早期畫風，現不甚瞭解，徐世溥「雲山本自無常主，更寫雲山賣與誰」的詩句，說明他畫的是煙雨迷蒙的米家山水。羅牧四十歲以前的有紀年的作品尚未發現，目前掌握的較早作品有兩幅：一幅《山水卷》（41歲作，藏美國大都會博物館）；一幅《山水圖》（46歲作，北京市文物館藏），

因未寓目不作論述。能夠見到圖片的羅牧早期作品有《山水圖》
（1671 年作，日本山口良夫藏）；《蘭亭圖》（1672 年作，日本國
立東京博物館藏）；《山水圖》（1673 年作，香港大學馮平山博
物館藏）。這三幅山水畫的構圖，視點位置較高，取法元人倪雲
林的構圖，但擺脫了元人構景平穩和諧的模式。在一六七一年的
山水圖，右方截取山腰、懸崖局部，遠景是平闊水面、孤帆、遠
岫，近景則是倪瓚枯木坡石的形式。筆法精謹，用筆多披麻皴和
折帶皴，筆觸流暢，含蓄而平淡，意境穆靜。一六七二年創作的
《蘭亭圖》，畫江岸之景，筆法毫尖稍禿，作風似乎拘謹，運用
了董源、黃公望筆法，又吸收了倪瓚之構圖，反映了他對王羲之
理想的理解和憧憬。但他在詩中流露出和理想相悖的惆悵之情，
詩云：「酒力欺狂雨，齋居遠亦過。不知雙屐淺，只覺亂流多。
苦吟夜方寂，繁聲蛙奈何。與君情未倦，移酌對清波。」（《寧
都直隸州志・藝文志》卷三十一），反映了畫家筆耕賣畫的孤寂
和苦悶。

　　一六七〇年代初，羅牧加倍致力於書法，昇華了他的藝術境
界。他的書法早年取法晉唐，書王羲之《蘭亭序》跋一段，表明
他沉湎於東晉「書聖」的傳統中以探索新的途徑。他還潛心於唐
人，而不拘於唐人對東晉書風的重建。他恪守南宋書家趙孟堅的
箴言「學唐尚不失規矩」，開創了一種個體風格。《蘭亭圖》跋
文的每個字體效唐褚遂良，寬而對稱之結構，又摻以中唐書家李
邕稍斜而不勻稱的因素和元代書家趙孟頫柔媚的筆意，使之更顯
生動有力，運筆簡練，筆勢富彈性而從容，整體書勢則似楷書大
家鍾繇。羅牧對書法的鑽研給其山水畫的筆墨運動帶來了生氣。

康熙十六年（1677），魏禧《書羅飯牛扇面》云：「……畫益工山水，林木雲氣悠遠而不盡，疏而能積，其書法亦絕可觀也……楊蘭佩曰：筆筆層折，亦所謂悠遠不盡，疏而能積者。」表明羅牧畫風日趨成熟，書法和繪畫同步發展。羅牧並未死守前輩大師的繪畫模式，而依靠對董源、黃公望筆墨秩序及書法筆法程式的把握來提高其山水畫表現的生動性。上海博物館藏《羅牧仿黃大癡山水卷》，取法黃公望「富春山居」之構圖，筆墨在董、黃之間，描繪了江南的生活環境或游賞景觀。據《曝畫紀餘》卷一著錄，羅牧於丙子（1696）作《仿大癡山水圖》。「全圖佈景疏疏落落，無重巒疊嶺佔據篇幅，而高下山水起伏，咸有層次，所謂山外有山，水外有水，回環曲折，極光怪陸離之處，老筆紛披，並無絲毫闕失，所作乃湖上平遠風景也。」他從董、黃文人畫傳統中領悟了文人繪畫書法與筆法相通的精健。「學畫必能書，方知用筆」，中國畫如同書法，每一形式都由一套為人所熟知的筆墨技巧的程式組成，每一次對這些形式的運用，所強調的卻是個人創作的發揮。

一六八〇年代初，羅牧遊歷了江浙，飽遊飫看，廣泛交友，畫風隨之變化。一六八一年所作《山水圖》（上海博物館藏），構圖平穩，坡石枯樹叢生，屋舍隱現，遠山重疊高聳，浮雲縈繞。山巒坡石，筆墨圓潤渾成，似多吸收董其昌、龔賢之筆法，墨色變化鮮潤，於幽靜中呈一種清新之氣，山腳下枯木聳立屋舍旁溪水潺潺，整幅畫風氛圍似龔賢山水畫意境。

羅牧晚年的山水畫既有筆法秀潤的風格，又有「筆墨老到，丘壑渾成」的風格，筆墨運行變化達到了純熟。他對傳統筆墨融

化的同時，又重師造化，多次遊歷廬山。按董其昌的原則：「畫家以古人為師，已是上乘，進此當以天地為師。」所以，羅牧的繪畫創作「摹董、巨而為之，更粉本迥出董、巨外，匡廬五老崢嶸霄漢皆吾師。」一六九七年羅牧作《讀書秋樹圖》（江西省圖書館藏），畫家把對廬山景觀的感受加以藝術的幻化。峰巒氣勢奇拔，山腰間雲煙浮動，山巒下坡石秋樹槎櫟，屋舍中有一文人伏案讀書，窗外小溪奔流。筆墨老辣，蒼厚放縱。羅牧於一七〇四年作《林壑蕭疏圖》，筆法蒼渾雄健，方圓兼施，墨色潤澤，作風渾厚峻拔。畫上自識：「畫中原有詩，何必再為題。余白太高遠，兼之林壑奇。甲申五月並畫於種蘭草堂。雲庵羅牧時年八十有三。」羅牧較為晚期的作品有了一七〇六年作的《山水圖》（上海博物館藏）和《十二條山水屏》（江西省博物館藏）。《十二條山水屏》中有小著色六條，用藍青、赭石淡淡暈染，有的樹石用赭石勾幾筆，色調淡雅。羅牧的花卉多見於枯木竹石，取徐青藤放縱豪放之筆法，怪石峭立，枯木蒼勁，墨竹灑脫縱逸處似王孟端，富有氣度和鮮明的個性。上海博物館藏《枯木竹石》上題：「八十三叟雲庵行者牧。」上海博物館藏另一幅和江西省博物館藏《寒江獨釣圖》雖均未紀年，但從畫風和書風看與八十三歲之作頗近，應視為同一時期之作。

　　羅牧山水畫，筆法、墨法獨特，根據物件的不同特點，使用不同筆法，善用正鋒、側鋒，巧拙互參，隨筆轉折，揮灑自如。樹石輪廓多取勾勒法，轉折方圓，各盡其妙；山多用折帶皴、披麻皴或小斧劈皴枯樹以鹿角枝或蟹爪枝並用，筆意蒼勁，墨色沉靜，濃淡、疏密、乾濕交錯並施，與佈局相統一。他的山水畫常

出現枯木怪石，或冬山秋天，或孤舟、草屋，或一二人垂釣和讀書狀，意境幽靜，所造之境為可居遊之地，反映了畫家寄情於山水的隱逸思想。

在清初畫壇上，羅牧和「四王」的正統山水畫表現出不同的風格和追求。「四王」的山水畫用筆細秀圓渾，墨氣圓潤，丘壑經營繁密，意境雍容靜穆。羅牧的山水畫既有秀潤之筆，又有蒼渾沉靜之筆意，較「四王」筆墨鬆動疏簡，流露出超然絕塵的文人理想。羅牧注意傳統和師造化，追求詩情畫意，抒發了畫家怡山樂水的意趣，具有鮮明的個性，影響頗大，被譽為「江西派第一人」。

第四節 ▶ 羅牧對「江西派」形成的貢獻[5]

明末清初，董其昌把由唐至元的著名山水畫家分為南北兩個派系，南宗畫的始祖，上溯到唐代的王維，北宗的大家則首推江西鍾陵（今江西進賢）的董源和巨然；下至元代四大家黃公望、吳鎮、倪瓚、王蒙建立了南宗畫的基礎，對後代影響甚巨。明代前半期北宗盛行，中期以後南宗復興，由沈周、文徵明及董其昌三位大家領軍，名家輩出。由明末貫通有清一代，盛況未見衰微，生根於元代的南畫，從此綻放出絢爛的花朵。

5　第四節材料主要來自網路，網址見：http：//www.zjdart.com/html/2007-01/407 p6.html。

隨著南宗畫系的盛行，形式主義的抬頭，使得南宗畫體本來志在隱逸以及具有放逸思想的繪畫精神喪失了。表現得尤為突出的便是清初六大家的作品，王石谷、王時敏、王原祁、王鑒、吳曆以及與羅牧有交的惲南田，這些人物雖在山水繪畫領域內有著拔萃的表現，但是其承襲因舊的風格，籠罩了追求形式主義的整個南宗畫系。在這種影響下，整個繪畫界進入了一種一味摹古而不知有自家的局面。

羅牧繪畫風格形成的時期，雖然處在明末清初董其昌松江派風格，以及董其昌「南北宗」繪畫理論佔領畫壇主導地位的時期，但是，羅牧山水畫的風格，卻是異軍突起的新生力量，這種力量的形成，不得不歸功於康熙初年的政治寬鬆的大環境。

清初，康熙皇帝為了在政治上力爭儘早消除「滿漢畛域」的妨嫌，採取了一系列的懷柔政策，從而使得清初的學術界，在充分尊重漢儒孔學的前提下，文化、藝術均出現前所未有的昌明。中國畫壇在這種大環境中，亦相應地有了較為活躍的氣氛，人們不僅可以用包括明代在內的、歷代遺留下來的各種藝術流派來抒發自己的情感，更在這種氛圍裡，孕育了一批突破陳習陋軌、按照藝術本質精神和規律進行創作的群體，這就是以八大山人、石濤為代表，包括羅牧、梅瞿山、石溪、弘仁、龔賢等人在內的一個群體。這些活躍在揚州、江西、安徽的書畫家們，雖然承襲了董其昌「南北宗」的學說，繼承了董其昌在山水畫方面的主要成就，但是，在個性表現及傳統文人畫中，他們所追求的「靜美」和「柔美」的意趣，則完全是按照自己的意圖，將這一理論發展到了一個嶄新的階段。

這一時期，不僅有了四王和吳惲派，還相繼出現了史界所稱的野逸派、浙派、吳派、金陵派、新安派和江西派。

這些派別的組成人員，由於歷史變革等原因，個人的經歷、心理需求等諸多方面的因素，在這些藝術家們的心目中，皆具有較完整及較高尚的人格追求：清高、厭俗；追求飄逸、高古；崇尚魏晉之風的人格品行。他們寫詩作畫，既不是以為當朝的皇家服務為目的，更不是以追求時人欣賞炫耀為自豪，其作品完全是以一種純粹的自娛和自我精神充填為目的。這些人員的作品，較之於四王影響下主導畫壇的那種萎靡沉悶的山水風格，則完全具有一種別開生面的氣象，其最具代表性的人物便是八大山人和石濤。

羅牧亦是這支別開生面、異軍突起隊伍中的急先鋒之一。

羅牧在這生機一派的藝術領域中，所受的教育可以說不如任何一位藝術家，藝術主張也沒有相應的理論流傳。但是，在他的山水畫作品中，則充分地體現出了這一繪畫新生力量所應有的整體風格和個性特徵，其作品「林壑森秀，墨氣潑然」，展現了一派平淡天真、嵐氣清潤的景象。

清初社會的穩定和經濟發展，給商業社會以極大的空間，這個相對於傳統士子階層的新生力量，很顯然地對歷史和傳統的負擔要少得多。而作為新型的有產階級，其誕生後的精神需求，必然要有相應的精神產品來填補，羅牧作品中那種擺脫崇古壓抑、沉悶風格的作品，以其滋潤和秀美，贏得了世人的歡迎。那種由於認識不清而給人帶來尷尬的狂草濫題，在羅牧的作品中，則被明快簡潔的平淡天真、嵐氣清潤的作品所替代。

羅牧作品被社會認同以及與現實需求更為接近的原因，從主觀上來分析，羅牧沒有八大山人、石濤那樣，因為獨特的身世所表現出來的那種刻意與社會保持距離的思想；而另一方面，又因為羅牧出身於平民階層，其作品中又沒有媚俗的成分。從客觀上來說，羅牧作品與社會的貼近性，正是崇古勢力與新生力量發生尖銳衝突而社會進行選擇的中庸表現。當然，這也是羅牧面對崇古勢力和社會需求、個人需求，所做出的揚棄行為。

　　羅牧作品的風格，相對於八大山人、石濤作品中本質的自娛性質外，社會習慣勢力對藝術的慣性力量，也相應地起著一定作用。但是不可否認的事實是：在清初早期摹古一統天下的時候，羅牧作為這一時期打破清初僵局最有力、最讓人們接受的新生力量，羅牧的歷史貢獻是八大山人、石濤等所不能類比，更是不能抹殺和替代的。

　　羅牧在那個特定的歷史環境裡，以自己特有的方式，讓新生的美學力量被世人逐步接受，最終得以徹底改變。這一貢獻的結果是：八大山人、石濤等個性更具特色、更加高尚的巔峰作品，也被社會所認識所接受，亦為「江西派」的形成，創建了條件。

第五節 ▶ 「江西派」與東湖詩畫會的關係及其成員[6]

羅牧作為「江西派」的首領，其作品風格的明顯特徵，是其區別於同一時期其他派別的重要標誌，也是獲得「江西派」這一派別始創人美譽的重要因素。

所謂「派」者，除風格、習氣外，另一個不可缺少的因素便是群體或範圍。因此，「派」者，理所當然地不是單指羅牧一人的作品風格，而是指其所屬地區或這一地區之外，風格趨同的作品和眾多的畫家而言。換句話說：「派」包括兩個方面：一是區域趨同，一是作品的風格趨同。

張庚說「江淮間亦有祖之者」，這說明「江西畫派」已經成為「派別」和「流派」，且其派別風格，在這一區域或以外的地域已有影響力，這個地區，便是「江淮」區域。

值得注意的是，縱觀「江西派」及同時代的書畫家，當我們以作品風格的趨同性來對照時，卻沒有發現哪幾位元畫家的作品風格像張庚所形容的那樣「林壑森秀，墨氣瀚然」。

以羅牧晚年所創作「東湖畫會」成員中，現存的可以進行相互比較的八大山人和朱容重的作品來說，其風格樣式不管是構圖還是墨筆，都與羅牧相去甚遠，特別是八大山人，其作品中除見

---

6 第五節材料主要來自《美術研究》載黃篤《江西派開派畫家羅牧的幾個問題》和網路。網址見：http://www.zjdart.com/html/2007-01/407p8.html。

長的花、鳥、蟲、魚是羅牧作品中極為少見的外，山水畫作品亦是多以傳統中枯澀蒼茫和簡約的筆法、墨法見多，「墨氣瀚然」的情景更是少見。其構圖亦不像羅牧所畫山水那樣具有層疊分明、前後秩序井然的風貌。如果一定要說有所一致的地方，那便是八大山人的山水畫師源（風格樣式），是來源於董、巨、黃三家。更確切地說，更接近於董其昌。

在「江淮間祖之」的後人中，雖有些許可以劃歸為「江西派」行列，但據實貼切的，則始終是少數。只能憑藉我們今天的想像，去理解和附會當時的江淮間山水畫中，董其昌一統天下的售畫、傳畫和崇尚所做的那種文人雅士之間的判斷了。因此，嚴格地說，所謂「江西派」作品的風格趨同意義是不明顯的。

那麼，「江西派」的概念形成的現實，是否可以讓我們用區域趨同的概念來理解呢？李廷鈺跋語「至今源委西江派，猶說飯牛第一人」中，多少透露了一些資訊。

李廷鈺在跋中除了讚揚羅牧為「西江派」第一人外，跋語的內容使人無論如何也不能否認，西江地區的畫界是有其「派」的。這個「西江派」，當然指的是相對安徽、江蘇等地的「東江」而言的江西所屬地方了。

李廷鈺所指的「西江派」到底是有幾個人還是一群人？這個「派」指的是這個區域的管轄範圍，還是人群範圍？

我們知道，羅牧的晚年，在江西省南昌市的東湖有一個以地

名為組織的「東湖書畫會」[7]。後世許多文章均以為是「羅牧、八大山人組織的」[8]。

　　「江西派」的名稱是張庚在《國朝畫征錄》中最先提出的，其後多為畫史著作援引，但無詳論。羅牧僑居南昌時，居住在風景優美的東湖百花洲，除賣畫、制茶為生外，常邀一批文人、畫家「雅集」，吟詩作畫，切磋畫藝。《西江志》卷一百三十一藝文詩有熊一瀟《次韻八大山人五言律詩》一首：「高士南州邈，東湖煙江寒。伊人千載看，秋水一編看。把巷吟詩好，聞名見面難。相期給瑤草，長嘯碧雲端。」詩中描述的「東湖煙江寒」似指羅牧、八大山人組織的「東湖書畫會」。他們常切磋書畫，飽賞東湖的煙雨風色。據記載「東湖書畫會」約十二人，主要領導者為羅牧、八大山人，還有臨黃庭堅書法的徐煌、工董其昌書的熊秉哲，參加者彭士謨、李仍、蔡秉質、塗岫、閔應銓、齊鏈、朱容重、吳雯炯等人。這是典型的文人消遣聚會。羅牧因譽滿畫壇而德高望重，他和文人、畫家們品詩論畫，帶動了他們的藝術創作和藝術境界的昇華。所以，「東湖書畫會」實則可確認為「江西派」的雛形。羅牧所倡「東湖書畫會」，一方面適應了畫家的藝術追求，另一方面畫家以滿足豪富附庸風雅之需要而求得生存，同時獲得了經濟、政治的支持和庇護，促成了畫家藝術創作的自由。

7　據汪浩重刊《南昌縣誌》卷四十二「人物志」，第 242 頁。
8　見《江西派開派畫家羅牧的幾個問題》。

在清初特定的社會背景下，以羅牧、八大山人為中心，形成了江西畫壇的畫家群，他們交遊、雅集，切磋畫藝，探求藝術的意趣，豐富和提高了他們的藝術追求。在當時畫壇上產生了一定的影響。由於羅牧在畫壇的地位和影響，從學者甚多，包括其家人蔡氏、孫泉，後人羅烜、羅英芳皆得家法。還有江西寧都等地的畫家劉敕、劉永（見《寧都直隸州志方伎》卷二十六）乃至江、淮間一批的畫家也頗受其影響，形成了羅牧的傳派。

從目前所掌握的史料來看，其成員為師法黃庭堅、書風亦十分酷似黃庭堅的徐煌；工董其昌書法的熊秉哲；有藝術風格獨樹一幟的前明王孫遺民八大山人和其侄兒朱容重；有彭廷謨、李仍、蔡秉質、塗岫、閔應銓、齊鑒、吳雯炳。

在這些已知的人員當中，除八大山人作品傳世較多，朱容重亦有些許作品遺留外，[9]其餘各家，不僅作品少之又少，就是其生平亦從未有過介紹。為此，曾寫過《八大山人與宋犖》一文等的蕭鴻鳴翻檢了諸多地方史志，現將他搜集到的有關「東湖詩畫會」人員及情況介紹如下：

徐煌，字茆斯，南昌縣西溪人。博學工書法。性好施……至百餘。且納錢棺中，以為賻。又常置二舟於樂社塘，以利濟暑，輒出款周其鄰里。手臨黃庭堅道德二經刻石行世。（據汪浩《南昌縣誌》卷四十一「人物志」，第 225 頁）

---

9 有關朱容重的傳世作品，詳見，蕭鴻鳴《清初遺民書畫家朱容重諸問題及其作品》，《江西社會科學》2001 年 11 期。

　　朱容重，明宗室，朱元璋第十七子寧獻王朱權封藩在南昌的十世孫……能詩工書畫，善畫蘭竹小景。居蓼洲，四方之士游豫章者，不得其筆墨以為闕，造請無虛日。

　　齊鑒，南昌縣荊山人。工畫，精墨法。及游京師，畫益有聲，顧不輕為人畫。性喜酒，每酣輒展縑潑墨，至數十幅不厭。歸後居一小樓，求畫者率攜酒往。沒後購其畫者比之羅飯牛、牛石慧焉。（據汪浩《南昌縣誌》卷四十一「人物志」，第 241 頁）

　　閔應銓，字六長，南昌人。自號湖上散人。能詩工書，精繪事。廣甯郎廷極見其題金山詩，識其名。未幾，巡撫江西，下車甫旬日即訪之。延入署，一時碑文墨刻多出其手。（據汪浩《南昌縣誌》卷四十一「人物志」，第 241 頁）

　　李仍，字漢孫，一字蘇齋。南昌人。幼孤好學，能詩工畫。法宋元人而恒自出新意，有潔癖，終身不娶，母老遂茹齋自呼曰繡佛。人欲乞仍畫者，先投以詩，後置酒與之。酌既酣，索筆墨，據大幾淋漓揮灑，快意而去。與邑中彭廷謨，歙人吳雯炯皆友善。年五十三死。……惟學使王思訓交最篤。王后奉使粵，中經南昌，知仍死，為文哭之，拜其墓而去。（據汪浩《南昌縣誌》卷四十一「人物志」，第 241 頁）

　　彭廷謨，字夏庚，號並老。南昌東壇人。少負才名，性豪放達，督學以「國士」待之。與兄廷典、弟廷訓、廷誥，號「江西四彭」。康熙四十七年（1708）中舉人。詩詞古文皆有名。與臨川李紱友善。江督延入幕府與議論，不合，策其必以賄敗，即謝去。未幾，果敗。居四川布政使孔毓珣署，時西藏兵銀米數百萬，吏不能理其數，廷謨為會計以對，總督年羹堯覽狀大奇之。

召詢曰：積年繁冗何以一目了然，為此狀者何人耶？珣以對，請使見，謝不往。曰：此公才過於位，終必及於禍。其居蜀時變姓為陳大彭，曰：吾正慮此公揚色耳。（據汪浩《南昌縣誌》「人物志」第 1364 頁）後歸里不出，埋頭著述。著有《詩文集》十卷和《桐村詩集》若干卷。

吳雯炯，字鏡秋，安徽歙縣豐南人。號葛巾老人。居南昌蓼洲，與羅牧，僧心壁善，嘗從吳綺，得填詞法。年八十一卒，無子。（據汪浩《南昌縣誌》卷四十三「人物志」，第 247 頁）

塗岫，字平山，南昌人。工繪事，其畫人物能使神采刻露，鬚髮可數，生氣拂拂出紙上。間設色作花卉。同時蔡秉質工寫翎毛，尤善畫鵝。而臨江黎坤工山水，嘗與閔應銓、彭廷謨、李仍輩十二人結社東湖詩畫會。廷謨獨擅題詠。時有塗菊、蔡鵝、閔蟹、彭詩之稱。會中又有臬司經歷，逸其名畫千葉桃，獨絕人呼千葉桃。（據汪浩《南昌縣誌》卷四十二「人物志」，第 242 頁）

此外，與東湖詩畫會關係密切或直接加入該詩畫會的，還有幾位，他們是：心壁、饒宇朴、帥我，以及當時的三位地方官員和與之關係極為密切的北蘭寺住持澹雪，時任臨江知府的喻成龍，巡撫宋犖、熊一瀟。

全面綜合史料所得出的結果，「東湖詩畫會」實際上是由宋犖支持，羅牧或澹雪出面組織，繼而成為廣泛活躍於南昌及周邊地區的文人雅士參與的一個民間藝術團體。其活動地點即在南昌百花洲東湖一帶和北蘭寺。

在這些人員中，除了清廷官員外，其餘者均為有癖之人，不僅個個自命不凡，在性格上與羅牧有著完全不同的性格，倒是與

八大山人如出一轍。另外，還有一個不可忽視的事實是：在「東湖詩畫會」的同時，八大山人及其周圍與之交往密切的人群中除姪兒朱容重外，還有徒兒萬個、同門釋友牛石慧等，他們雖然在「東湖詩畫會」的史料中未見記載，但是，只要我們稍加比較，便不難發現和吃驚，他們作品風格的趨同性，「江西派」不管是區域劃定還是風格劃定，都是將其排除不了的。

「江西派」這一共同個性的存在，不僅讓人們感覺這一時期的江西繪畫、書法風格的獨特個性，更讓人從這種獨特性中，感悟到「東湖詩畫會」及「江西派」的實際意義。

第六節 ▶ 羅牧「江淮間多有祖之」的根本原因分析及實際社會地位[10]

從現存的大量史料來看，不管是鄭板橋所說的「八大山人名滿天下」，還是梅庚所言「細訪江右人文，大不及曩時，後起者率多浮沉……而先生所云八大山人者，則求而得之，果然高人者，其翰藝大非時俗比……」（見清王源《居業堂文集》卷六《與梅耦長書》）江淮大家石濤對八大山人也多有推崇。由此可見江淮間對於江西兩大畫家八大山人與羅牧，顯然八大山人的影響要

---

10 此節主要材料來自蕭鴻鳴著《「江西派」開派畫家羅牧》，北京燕山出版社 2006 年版，以及網路，網址見 http://blog.tianya.cn/blogger/postshow.asp？BlogID=1143631&PostID=17877803&idWriter=0&Key=0。

比羅牧大得多。

用歷史的眼光來看羅牧，儘管羅牧的山水畫從整體效果來評判，乾淨秀麗，平穩無奇，雅俗共賞，在境界和墨色、水色乃至氣韻上，均呈現了某種新生力量的成分因素，但是若與同時代的龔賢來比較，其風格並不顯得更加突出，而功力也似乎還不能在「金陵八家」之上，更加上明末清初臨古的時尚風格，在羅牧所處的時代仍然佔據著重要的地位，羅牧山水的風格，亦在一定的程度上還受到這一風尚的羈絆。這就有一個問題需要我們來討論了，張庚所言「江淮間多有祖之」的是羅牧，而不是八大山人，這一現象如何解釋呢？

在明末清初特別是康、乾時期，江淮除了是江南地區的文化中心外，更重要的是它還是江南地區的商埠中心，這為羅牧這類作品的流傳提供了一個良好的市場。

自明代中後期開始，江西的商業經濟，雖不及安徽徽州的商人那樣無孔不入，但贛商亦十分興盛，且自有特色。贛商以經營手工業為多者，「其貨之大者，摘葉為茗，伐楮為紙，坯土為器」（據康熙版《饒州府志》卷四）。

這種以手工業、茶葉、瓷器為主的商業社會氛圍，給了茶商出身的羅牧以極大的影響。同時，景德鎮大量官民窯瓷器的燒造，對畫工們的大量需求，從另一個側面刺激了官民之間在繪畫方面的發展。到了清朝的康乾時期，經濟更加發達，有閑階層的不斷增多，精神生活的需求也日益提高，從而使繪畫需求量大增，這又刺激了繪畫的發展。

羅牧從寧都移居南昌，又往返於揚州的江淮地區，其目的就

是為了賣畫、售茶方便。而江西巡撫宋犖的極力推崇，提高了羅牧山水畫的社會影響。正如張庚在其《畫論‧總論》中說的那樣：「羅飯牛崛起寧都，挾所能而遊省會，名動公卿士大夫學者，於是多宗之，近謂之江西派，益失在易而滑。閩人失之濃濁，北地失之重拙之數者，其初，未嘗不各自各家而傳……」

羅牧本能的「敦古道，重友誼」，像一般文人那樣輕視商人，成為商人中最容易接近的藝術家。

羅牧山水畫銷售市場的成功，隨著宋、羅之間藝術作品以外因素的影響，特別是宋犖由江西調任江蘇的遷移，江淮間推崇羅牧，並由此而吸引來更多的學畫者向他學習，成為必然。以「江西派」之祖的地位，自然地非羅牧莫屬了。

張庚「江西派」的界定，通過分析，我們基本上有一個明確的概念，即一種有別於董、巨、黃傳統的靈秀、清新、滋潤感強、層次分明，雅俗共賞的山水風格，且在江淮間書畫市場上，佔有相當份額的江西籍畫家作品。張庚對「江西畫派」這一派別的界定基礎，則是羅牧「東湖詩畫會」所擁有的巨大實力，即以八大山人為代表的眾多的藝術家們。

因此可以說，「江西派」實在是指其區域內所包含的人群範圍，而不是僅指羅牧個人的山水繪畫風格。

清代的唐岱在其《繪事發微‧畫名》中說道：「畫家得名者有二，有因畫而傳人者，有因人而傳畫者。……因人傳畫者，代代有之，而因畫傳人者，每每不實。蓋以人傳者，既聰明富貴，又居豐暇豫而位高善詩，故多以畫傳者。大略貧士卑官或奔走道路或憂于衣食常不得為。即為，亦不能盡其力，故少。然均之皆

深通其道，而後能傳。」

羅牧之所以會被時人冠以「江西派」之祖，較之於八大山人來說，顯然是唐岱《畫名》中所論的後者。

八大山人的繪畫成就和藝術思想

　　朱耷（1626-1705），江西南昌人，號雪個，又號人屋、驢屋驢、書年、驢漢等，最後號八大山人。是明太祖朱元璋十七子朱權九世孫，襲封為輔國中尉，世居南昌城。他的晚年書畫均署「八大山人」四字。這名號的來歷有兩種說法：一說「嘗持八大人覺經，因號八大」；另說「八大者，四方四隅，皆我為大，而無大於我者也」。據《個山小像》（圖 2-44）八大的自署，少為世襲貴族，天性聰穎，八歲能詩。明亡時為諸生（秀才）。二十歲時「遭變，棄家後避賢山中」。二十三歲「剃髮為僧」，釋名傳綮，號刃庵。三十一歲時「豎拂稱宗師，從學者常百余人」。康熙十七年（1678）夏秋之交，病癲。至康熙十九年（1680）還俗。此後住江西南昌，以詩文書畫為事，直至去世。八大經歷明清之際天翻地覆的變化，自皇室貴冑淪為草野逸民，為避害而出家。但其詩文書畫極其出色，頗引人注目，清統治者又千方百計地籠絡他，「遂發狂疾」。他裝啞未狂，均因家國之恨使然。其內心之悲愴由此可見。對山人的種種奇行，當時人們都認為「其癲如此」。他在書畫上有許多畫押，如「三月十九日」「相如吃」「拾得」「何園」等，含義較深。另外他署款時常將「八大山人」

連綴寫成「哭之」「笑之」字樣，以寄託憤懣。作為明宗室後裔，朱耷身遭國亡家破之痛，一生不與清王朝合作。他性情孤傲倔強，行為狂怪，以詩書畫發洩其悲憤抑鬱之情。

第一節 ▶ 八大山人的繪畫成就

一、花鳥畫

朱耷傳世作品裡花鳥畫尤多。從這些花鳥作品裡，可看到早、中、晚期畫風大不相同，審美情趣各異。尤其是中晚期更形成了自己獨特的藝術特色，早期即五十歲前多畫松、竹、梅、花卉等，其畫風繼承徐渭，筆墨勁挺有力，工致精細。五十歲至六十五歲之間為中期，畫風有所變化，最愛畫小動物、草蟲、魚、鳥，而且手法誇張，構圖奇特，造型狂勁，其禽鳥多立於上大下小、岌岌可危的怪石上。六十五歲之後為晚期，所繪山水畫，古松粗壯，枝幹葉稀，甚至無葉，有蕭疏荒寒淒涼之感。藝術上日臻成熟，構圖佈局更為簡練，造型更為誇張奇特，筆勢雄健，意境幽遠，寓意深刻。藏山西省博物館的《竹石牡丹圖》即為他中晚期的作品。

《竹石牡丹圖》軸，絹本水墨，縱一五五釐米，橫五十釐米，展現的畫面：兩塊石前後相靠，前石一部分隱於畫外，又將後石遮擋一部分，看去前大後小，頗具透視原理，後石頂部凹凸不平，從前石頂端，由畫外向左斜伸出深密的竹葉和由兩石夾縫中伸出的牡丹花枝，寓意牡丹雖在壓擠下，依然枝葉繁茂，花開

▲ 圖 2-44　清黃安平《個山小像》
紙本，墨筆，縱 97 釐米，橫 60
厘米，江西省南昌市青雲譜八大
山人紀念館藏。

豔麗。竹枝挺拔翠綠，頂天立
地，有壯美之感。筆墨淋漓酣
暢，筆力勁健嫻熟，勾研效
染，墨色濃淡相宜，竹葉濃而
泛彩。縱觀雄偉壯觀，橫看坡
石幾乎占滿畫面，底部稍留空
白，大地寬闊無限，與左上角
「八大山人畫」款相互呼應，
並不覺滿塞。據此款，其畫是
六十一歲至六十九歲之間的中
期作品，正向晚期轉變之中。
該圖較收藏於南京博物院的同
一題材《牡丹竹石圖》成熟得
多。如果說《牡丹竹石圖》正
開始由早期向中期轉變，那麼
這幅《竹石牡丹圖》已經成熟
了。

　　綜觀這幅畫，可看出中晚
期的朱耷正是在繼承林良、徐
渭、董其昌等人的畫風基礎
上，自創一格，其用筆千變萬
化，將書法之筆來表現物象。

構思佈局奇特，用筆簡練樸茂，注重創造意境，筆墨恣肆，線條
飛動，節奏明快，酣暢淋漓，神韻均佳，有一種超逸明靜之美。

　　晚年的朱耷為發洩對清政府的憤懣，在他的繪畫作品裡，借物寫心，以筆代戈，挖苦諷刺嘲笑清統治者，並盼清政府早日傾覆滅亡。因而他用象徵寓意手法，表達其反抗情緒，所以他的花鳥作品裡的形象極度誇張，所繪禽鳥，拱背挺胸，縮頸伸喙，立一足，懸一足，似錦雞獨立於上大下小即刻傾倒的危石上，眼珠畫到眼眶上，甚至畫到外面，面作圓形，有的眼畫成方形，奇形怪狀，「白眼向人」。在朱耷的筆下，那荷石水鴨、荷塘情趣、荷花鴛鴦、荷花雙鬼、荷花小鳥、荷花蘆雁、荷花卷等，皆構圖奇特，形象怪誕，筆墨淋漓簡練。再看那魚兒，有的成群，有的孤魚，滿紙皆白。畫面空白是八大山人一大特點，給觀者感覺茫茫大海一片，或滿紙僅畫一小鳥，卻是碧空藍天。這只有在藝術上有很深的造詣才能實現。他在花鳥畫方面的獨特創意，使其既有別於前人，又不同於世人，這就是朱耷繪畫的奇妙之處。其畫風雖在當時影響不大，但對後世特別是對近現代畫家影響較大，如吳昌碩、齊白石均受其深刻影響。

　　朱耷擅花鳥、山水，其花鳥承襲陳淳、徐渭寫意花鳥畫的傳統，發展為闊筆大寫意畫法，其特點是通過象徵寓意的手法，創造了一種前所未有的花鳥造型。其畫筆墨簡樸豪放、蒼勁率意、淋漓酣暢，構圖疏簡、奇險，風格雄奇樸茂。他的山水畫初師董其昌，後又上窺黃公望、倪瓚，多作水墨山水，筆墨質樸雄健，意境荒涼寂寥。亦長於書法，擅行、草書，宗法王羲之、王獻之、顏真卿、董其昌等，以禿筆作書，風格流暢秀健。具體表現在《水木清華圖》（圖 2-45）、《枯木寒鴉圖》（圖 2-46）、《雜畫圖》（之一、二）（圖 2-47、圖 2-48）等作品上。

八大山人愛畫荷花，構圖多以一花片葉並留大片令人尋味的「餘白」為特色。《水木清華圖》也不例外，畫之左側伸出幾片荷葉，大筆重捺，或潑墨大寫，荷莖圓轉蒼勁，曲折舒張，荷花輕柔婉轉。與之相對寫一倒懸危石，只略加勾皴，石頂一叢芙蓉，墨韻盎然。荷石在上相接，下方留白，中似無物卻有空濛幽遠之意。整幅畫墨氣縱橫，用筆似游龍盤旋，充分體現了八大山人的繪畫特點。

《枯木寒鴉圖》畫中景物蕭索，枯樹上棲臥三隻寒鴉，旁邊一巨石之上，另一鴉單足而立，向下鼓噪而鳴，樹上一鴉向上回應爭鳴，另一鴉正警醒顧盼，而中間一鴉卻閉目安睡，不為所動。樹幹、巨石均為淡墨點染而成，略加赭色渲染，筆觸狂放自由。寒鴉用筆較為工整，濃淡二墨兼施，略施淡彩，質感豐

▲ 圖 2-45 朱耷《水木清華圖》
立軸，紙本墨筆，縱 120 釐米，
橫 50.6 釐米，南京博物院藏。

▲ 圖 2-46　朱耷《枯木寒鴉圖》
立軸，紙本墨筆，縱 178.5 釐米，橫 91.5 釐米，北京故
宮博物院藏。

 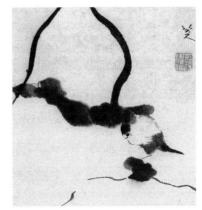

▲ 圖 2-47　朱耷《雜畫圖》（之一）　　▲ 圖 2-48　朱耷《雜畫圖》（之二）

《雜畫圖》，冊頁，紙本，水墨，縱分別為 24.4 釐米，37.8 釐米；橫分別為 23 釐米，31.5 釐米。上海博物館藏。

富，造型生動逼真，這在八大山人的作品中是少見的。其睡鴉姿態突出地反映出八大山人孤傲、冷峻的性格特點。

　　《雜畫圖》冊頁共八開，此選錄二開。圖 2-47 為《雙鳥》，圖中兩隻小鳥相對而立，均一足，形象洗練誇張，生趣盎然。眼、喙用濃墨點寫，鳥形稚拙可愛，羽毛只數筆，卻以墨色的濃淡變化來表現出濕潤茸茸的質感。畫面空曠開闊，別無他物。圖 2-48 為《荷葉翠鳥》，以水墨潑寫出兩柄倒垂的荷葉，葉下小鳥蜷一足而立。構圖、筆墨簡略，造型誇張，濕潤輕靈之氣盎然於整個畫面。

二、山水畫

　　在清代初期，人們對朱耷也是以花鳥畫家視之。朱耷友人邵長蘅作《八大山人傳》，稱其「喜畫水墨芭蕉，怪石、花、竹及

蘆雁、汀鳥」；陳鼎所作《八大山人傳》亦稱其「捉筆渲染，或成山林，或成丘壑，花鳥、竹、石無不入妙」。朱耷自稱：「予所畫山水圖，每每得少而足，更如東方生所云：『又何廉也。』」也承認自己的山水畫相對不受人重視的情況。但從畫史演進的角度，朱耷的山水畫卻有其花鳥畫所不能代替的獨特的美學價值。如果說朱耷的花鳥畫除了怪誕奇崛的造型和簡潔凝練的筆墨意味外，花鳥自身的暗喻也有重要作用的話，那麼，他的山水畫以其自身的形式魅力有著更為獨立而純粹的審美價值。

　　朱耷山水畫不為世人所重的一個重要原因或許是因為他畫山水起步較晚。朱耷的花鳥畫享譽很早，盛名之下，他的山水畫成就反而被人忽略了。他於康熙十九年（1680）前後才開始作山水畫，五十餘歲後的山水畫被其早期花鳥畫早已有之的盛譽所掩也是自然的。或許因為多年勤學不輟，加之積年花鳥畫上筆墨的修養，朱耷的山水畫直達登堂入室之境。

　　其實，朱耷的山水畫成就絕不在其花鳥畫之下，甚至從筆墨表現的深度看，勝過其花鳥畫。朱

▲ 圖 2-49　朱耷《山水花鳥圖冊》（之五）紙本，墨筆，縱 37.8 釐米，橫 31.5 釐米，上海博物館藏。

耷花鳥畫成就在前，其山水畫筆墨當然無法擺脫花鳥筆法的限制，有時直接以花鳥筆法作山水，從而兩者的繪畫風貌和精神內涵十分一致。朱耷山水畫藝術，精彩奪目者多為小品，無論章法、構圖、筆墨、意境，均精妙異常，令人拍案叫絕。

圖 2-49 為朱耷《山水花鳥圖冊》之五，該畫山石均以淡墨勾皴，然後以清淡不同的水墨闊筆暈染出陰陽向背，最後以深淺不同的中鋒點苔，或施濃破於溝壑提神，恰到好處。樹木畫法，採用雙鉤披麻皴寫枯木枝幹，略施橫短線表現其枯毛老硬的質感，雜樹葉以深淺闊筆水墨橫掃豎抹，個別樹木作介點葉，樹木總體上是枯木多於雜小叢樹，枝多葉少，惜葉又疏，重視感情對點葉的支配與投入。如果說，橫掃豎抹點葉法系董、米以來的傳統，那麼，這時八大創造的「含苞欲放點」則前無古人。上述幾幅山水畫中，主要樹葉畫法以此種葉法攝神，頗具煙潤凝華之態，加之畫面清明亮潔的遙嶺曉嵐，使畫面呈現出寒凝大地發春華，曉峰煙樹乍生寒的幽遠意境。就畫風而言，八大選擇董其昌水墨秀潤明潔之精，而透出水墨淋漓奇古的風采，並隨著歲月的磨煉，愈老愈精。

朱耷一生傾慕董其昌，服膺其理論及藝術。他的書法即從董氏起家，「其行草深得董華亭意」（《八大山人畫記》），自云「南北宗開無法說，畫圖一向撥雲煙」，對董氏南北宗說佩服之至。直至晚年，朱耷還臨習董其昌字畫。朱耷臨寫董其昌幾乎可以亂真，通過董氏直窺五代、宋、元名家，開闊了眼界，筆墨功夫也因此達到了爐火純青的境界，並加以融會貫通，滲透其遺民思想，形成了山水畫獨特的風格。在山水畫創作中，他宗法董其

下篇・江西繪畫

653

昌，兼取黃公望、倪瓚、米芾。山水多取材於荒山，畫面上杳無人煙，樹木歪斜，枯枝敗葉，意境荒索冷寂，但又於蒼遠境界中透出雄健簡樸之氣，反映了他孤憤的內心世界和倔強的個性。朱耷的山水畫，筆情恣縱，不拘成法，蒼勁圓秀，逸氣橫生，章法不求完整而得完整。他的一山一水、一草一木不在於斤斤計較，而著眼於置陳佈勢。朱耷用墨極為得法，深有體會，乾擦而能滋潤明潔——這絕對是一個創造，可以說是前無古人，後無來者。他把倪雲林的簡約疏宕，王蒙的清潤華滋，推向一個更純淨更酣暢的高度。在疏密安排方面，在大疏中有小密，大密中有小疏，空白處補以意，無墨處求以畫，虛實之間，相生相發。而他的嚴謹，則不只體現畫面總的氣勢和分章布白中，一點一畫旨在擄其心意，慘澹經營，均可暢其意而達其形，極淡之墨處見深厚和韻致，極濃之墨處見濃情和靈動。

雖然朱耷取法於董其昌，但他一反董氏元神內實、一片虛靈和靜氣，呈之於畫的是元神彌漫，畫外流布。山水置陳佈勢險至絕處，復歸平正，與董的蘊藉平和、不離疏淡的特點有明顯差異。朱耷以畫代言，冷峻、淒寂的置陳和筆墨對他坎坷身世和心情做了最好的注解，或悲、或怨、或怒，表現了他「放浪於形骸之外，倦狂於筆墨之間」的心態。

朱耷的構圖多「截枝式」，形象往往怪異，基本不顧法度，信筆狂塗，已形成了他的一大特色。在構圖上，朱耷的不少作品均取較低的「平遠」章法，卻又一反「平遠」的習慣，把前景乃至中景的樹木畫得十分高大，且讓遠景之山同樣聳立畫中，使前、中、遠景之山水、樹木攪在一起，遠近形象的疊合而使空間

感逐漸減弱乃至消失。同時，朱耷在筆墨濃淡上也並不因為遠近陰陽之變化而變化，或者遠近濃淡相似，或者近淡而遠濃；或者近、遠濃而中景反淡，從而混淆了視覺空間感。為了獲得新的空間效果，朱耷有意放棄了傳統的「一河兩岸式」，即前山、樹，中段河，遠處山的三段空間置陳的方法，他讓前景之山、樹、石與中遠景之山體渾然一氣，融合一體，有意識地消融空間透視的錯覺，而形成純然平面的構成感。

這種抽象的平面意識，使朱耷山水畫的結構擺脫了自然的束縛而獲得極大的自由。朱耷以平面的虛擬、抽象意識而使其章法隨心所欲、變幻多端。他或者讓兩廂虛而中間實，一座山峰一塊巨石突兀而上；或者從左、從右，山體從一邊生去；或者一左一右，相互穿插，相續相接，直上畫面頂部，打破隔斷式空間習慣；或者取兩廂實而中間空，上下實而中部虛的奇特構圖；有時，山石樹木從畫面某一邊側中部插入，無端無倪，奇趣橫生。

這種平面性與抽象性又使朱耷的用筆更趨自由。由於朱耷的筆墨不再受空間表現規律的制約，它只在自身的辯證關係中存在，只在結構的矛盾和諧中存在（林木語），其筆墨在平面構成中的作用更可以獨立地予以強調表現。受董其昌影響，朱耷的用筆一部分秀潤而雅逸，有的則蒼秀勁健。朱耷喜用中鋒，但側鋒皴擦處亦多。朱耷運用濃墨乾筆、渴筆最富特色，造成王原祁所稱的「毛」的意味，從而具有一種朦朧虛擬的非現實感，一種隔簾看花隔水探月的虛幻之象。難怪有人說朱耷的山水畫是殘山剩水，地老天荒，完全是由他獨創一格的渴筆山水和構圖上的空靈給人以視知覺。正如清代戴熙所言：「畫在有筆墨處，畫之妙在

無筆墨處。」笪重光也說：「無畫處皆成妙境。」朱耷通過極為簡潔古拙的手法，因心造境，給人以無限想像的空間。

晚年的朱耷山水畫風去繁取簡，以淡墨乾筆為宗，融諸家於一體，不法而法，用筆虛和蕭散，洋洋灑灑，意到為止，皴法既是墨又是筆，畫面聚散開合，富有節奏韻律。

事實上，在明末清初，以「四王」為首的摹古風氣籠罩了整個畫壇，朱耷能夠不務時尚，自樹一幟，創造出超越前人楷模、具有鮮明特色的減筆劃風，有相當重要的歷史意義。在朱耷的繪畫中，那根基深厚的筆墨技巧和以意為象的形象塑造，筆簡意深的藝術魅力和險峻、冷峭的置陳方法和合於理法的反叛意識、荒誕意識以及直面人生痛楚的藝術表露和有趣味的畫面構成，都是無限可讀的經典。

第二節 ▶ 八大山人的藝術思想

八大山人不像石濤和漸江那樣，有專門的畫論著作遺世，可供人們對其繪畫理論與繪畫創作實踐及其成就做一系統的研究。但是，在清初「四大畫僧」（即八大、石濤、髡殘、漸江）之中，以藝術成就詩、書、畫、印而言，八大可謂「四大畫僧」之首。石濤是以其《苦瓜和尚畫語錄》和山水畫馳名的，其對畫壇深遠的影響及名望多系於其繪畫理論。除石濤外，漸江、髡殘也以山水畫擅名，各有千秋，可與石濤比肩。八大則完全不同，八大是以其藝術成就本身為三百多年來中國藝壇所尊崇，其人品、畫品及藝術所蘊含的魅力有口皆碑，令世人歎為觀止而餘韻未了。「哭之笑之乎？」「白眼向人乎？」「殘山剩水乎？」「地老天荒

乎？」……這就是現代西方接受美學和接受理論所稱道的「有意味的形式」。作為中國美術史上寫意派浪漫主義繪畫大師，隨著對八大山人研究的興盛，八大書畫作品源源不斷地被發現，其繪畫書法作品上的詩文題跋和印文便成為我們現代研究八大繪畫思想的珍貴畫論輯要。

一、修養論

在八大山人的題畫詩和題識、印文中，人們都會有這樣的感覺：八大詩文古澀隱晦，尤其是題畫詩與所畫內容似乎像二重唱，各不相干又不可分割，龍科寶在《八大山人傳》中評道：「題跋多奇慧不甚可解。」實際上這是八大為自己抒寫胸中鬱結之氣、憤世嫉俗情緒所創造的「保護色」，這「奇慧」二字一詞道出了八大詩文方面的閱歷與造詣。這就是說，八大相當重視藝術修養。從目前所見八大的詩文題跋來看，八大論畫家修養主要是受明末董其昌的影響和禪宗靜悟學說的影響，主張行萬里路、讀萬卷書，靜悟和師造化等。例如《題畫奉答樵谷太守之附正》：「禪分南北宗，畫者東西影。說禪我弗解，學畫那得省。至哉石尊者，筆力一以騁。密室宗少文，天都盧十景。傳聞大小李，破壁走燕郢。願得詩無聲，頗覺山為靜。尊者既括目。嘉陵出俄頃。讀書至萬卷，此心乃無惑。如行萬里路，轉見大手筆。黃公昆彌駕，茲復澄州役。一去風花飛，未少陽春雪。研之一峰硯，予為老王墨（昔者以王默畫法稱王墨）。南昌幾川樹，山谷幾族戚。高文重杞贈，嗣響二千石。」

此題畫共兩節，前一節大意是：禪宗有南北宗之分，畫也有

南派北派之論，講禪我不懂，要說繪畫那就容易了。如石濤的畫筆墨縱橫，奔放有力。宗炳好遊名川大山，並能澄懷味象，想像作畫臥游於室。盧鴻的草掌十志圖可稱為天都勝景。傳說唐代李思訓、李昭道父子二人遊歷大江南北，以自然為師，從而突破了六朝以來山水畫簡單摹寫自然的規範，畫中有詩，意境清新、幽遠、恬靜；這樣以造化自然而自創一格的繪畫，石濤也會刮目稱讚不已的。後一節大意是：只有讀書破萬卷，才會胸有成竹，掌握事物的規律，不至於誤人迷津，心神恍惚，缺乏藝術鑒賞與判斷力。如行萬里路一樣，遊歷多了，視野開闊，見識廣了，自然下筆有神，畫出好作品來。如，黃公望到澄州遠涉，在風雪飛舞的寒冷天氣條件下，還繪出不少有「陽春白雪」意境的優秀作品。此外，還要研究元代名家黃公望的筆墨技巧，學習唐代名家王洽潑墨法。南昌的自然風物草木，黃庭堅詩書畫皆擅長，相得益彰也足可留心觀察、借鑒。對這些在藝術上有不同凡響造詣的人，應像對待郡守一樣予以尊崇。

　　靜几明窗，焚香掩卷，每當會心處，欣然獨笑。客來相與，脫去形跡，烹苦茗、賞奇文，久之，霞光零亂，月在高梧，而客在前溪矣。隨呼童閉戶，收蒲團靜坐片時，更覺悠然神遠。（《昭陽大檡之十月書以曾老社兄正行書扇面》，《八大山人全集》第 762 頁）

　　禪，意為沉思，中國古代譯為「思想修」，它的內涵是將零散的心念集中，靜心冥想，排除一切內在情欲和外在煩塵的干

擾，使意識集中一點，進入單純、空明的狀態，只有這樣，才能達到一種理解整個人生、宇宙極真的意識。這就是所謂的「禪靜」，即通過「凝神沉思」，思想產生大跨度的飛躍與聯想，大腦會在沒有外界條件觸發的條件下突如其來地閃現過從來沒有想到的念頭，一剎那間突然徹悟，出現令人陶醉的「頓悟」。這就是八大自我修養體認由「會心處，欣然獨笑」，到「脫去形跡」禪定靜坐，出現「悠然神遠」的禪境，即個人本體意識的昇華，人的感覺超越了具體的物象，馳騁在無邊地際的思想與感情的原野上，似乎想得越來越清晰、透明，看得很透、很遠，領悟到平時難以領悟的某種哲理，感受到平時難以感受到的某種情感和藝境及機杼。

二、書畫異體同工論

中國的書法與繪畫為兩種不同形式的藝術，書法是由點畫構成的漢字書寫藝術，也可稱為抽象的線條藝術，而繪畫則不同，它是造型藝術。畫可以臨見妙裁、墨分五色，書法卻不能如此。但中國的書法與繪畫向來就是姐妹藝術，兩全者相得益彰，故歷代大畫家又同時是大書法家，反之亦然。宋代「四大書家」是也，所以元代趙孟頫在題畫詩《秀石疏林圖卷》中言：「石如飛白木如籀，寫竹還於八法通。若也有人能會此，須知書畫本來同。」

坦率地說，八大的繪畫藝術成就得益於書法，故其書法與畫法之論，對研究八大頗為重要。

　　　　畫法董北苑已，更臨北海書一段於後，以示書法兼之畫
　　法。（《李北海丈麓山寺碑題識》）

　　此段題識用意，表明八大主張以畫法之法作書，從畫面書、
畫來看，八大並未按北海原件字序臨書，有時越過幾個字臨，有
時順序又顛倒，又有時臨了後面的再返回臨前面的，信筆所書，
一如作畫，意在畫之機杼，透入書中，使書中有畫法靈趣。

　　　　昔吳道元學書于張顛賀老，不成退，畫法益工，可知畫
　　法兼之書法。（《山水冊之五題識》，見《八大山人書畫冊》
　　第二集）

　　此段題識與前段題識均系同一山水冊中自識，前段為冊頁之
七，本段為冊頁之五。本段自識題畫，意在主張用書法之筆法入
畫，乃成大器。比如吳道子曾向張旭、賀知章學習草書，雖未成
功，但他轉向繪畫，以書法線法入畫，創「蘭葉描」，猶如草書
之飄逸，故得「吳帶當風」之譽。蘇東坡就有詩形容吳道子以草
書作畫「當其下手風雨快，筆所未到氣已吞」，即為「書法性繪
畫」。僅此一例，可想而知畫法兼之書法，摻書法筆意入畫，此
乃真得「意不在於畫，故得於畫」。

三、有法與無法論

　　有些山水畫圖軸，題識醒目標明「仿倪攢（瓚）山水圖」「大
癡筆意」「仿董北苑筆」「米海嶽研山圖」「八大山人臨」等等，

似乎是尚意臨仿、師古。然而，八大卻獨有一番苦心，即中國古代先賢所說的「青出於藍而勝於藍」，從師學有法到無法而法，八大實際上是「師其意而不師其跡」，故能「拙規矩於方圓，鄙精研於彩繪」，有其獨到的借古而自成一家的繪畫思想，即有法與無法論。

> 倪迂畫禪，稱得上品上，迫至吳會，石田仿之為石田，田叔仿之為田叔，何處討倪迂耶？每見石田題畫諸詩，于倪頗傾倒，而其必不可仿者與山人之迂一也。（《題山水圖軸》，見《八大山人書畫集》第一集）

此題在一幅仿倪雲林山水軸上，其意在於強調自我神遇，不以跡求，能精於意象之間，如自我意之欲出。這種仿作，猶如沈周仿雲林，藍瑛仿雲林，各學各的，而他們畫中意境卻找不到倪雲林的影子。這就是說，筆墨個性和畫家氣貌、意象不同，仿作只是一種神遇借鑒，即藝術創作借古而創新的方法，所以沈周、藍瑛師學倪瓚卻各成一家，正是這個道理；這也是八大仿雲林而非雲林跡象，實則自出機杼，自成一氣，象外有象。

> 法法不宗而成，筆墨名家奚敢？譬彼操莽者流，自是誤國一本。去住天下河山，僅供當時遊覽。世界八萬四千，究竟瞻顧礙眼。（《題山水畫》，見《八大山人詩鈔》）

石濤在《苦瓜和尚畫語錄》中云：「至人無法，非無法也，

無法而法乃為至法。」其「無法而法」就是八大此段「法法不宗而成」不謀而合之翻版。八大此節題畫是說，要大膽創新，不蹈前人履轍，才能自成一家，無法生有法，有法貫眾法。然而歷代名家對此都很慎重，不敢隨便越過雷池一步。要超塵拔俗，不為大千世界所見範圍局限，畢竟是件不容易的事情，關鍵在於人能秉承大自然靈氣，以己性靈妙悟自然規律，趁機化境，妙趣天成，意象而造景，故得法於不掇前宗而自成一家。

四、「不似之似」論

「不似之似」從北宋歐陽修提倡「畫意不畫形」和蘇東坡「論畫以形似，見與兒童鄰」，主張不求形似求神似，千百年來成為文人畫家所崇尚的審美寫意標準而不斷拓展發揮。八大也是繼往開來者，他有幾則由不求形似演化到「不似之似」的題畫：

　　「適為友人抹得一副（幅），乃花王也，大是懵懂。」（《題畫牡丹》）

徐渭有詩云：「富貴花（指牡丹）將墨傳神。」八大寫牡丹，不僅沒停留在傳神上，而且有所發揮，即「懵懂」，乃「不似之似」之義。石濤有詩可證：「名山許游未許畫，畫必似之山必怪。變幻神奇懵懂間，不似之似當下拜。」（石濤《畫譜》）葛璐先生在《中國繪畫理論發展史》中論道：「石濤的『變幻神奇懵懂間』就是『不似之似』的藝術形象在山水畫上的體現。」八大與石濤晚知交，繪畫理論上相互是否有溝通影響不得而知，但

可以說心有靈犀一點通，八大雖未點破「不似之似」之詞，石濤詩中有此同論同解可謂不謀而合。因此，可以說八大的「懵懂」說，是「不似之似」在中國寫意花鳥上的理論體現。如清代龍科寶在《八大山人畫記》中所述：「又嘗戲塗斷枝、落英、瓜、豆、萊菔、水仙、花兜之類，人多不識，竟以魔視之，山人愈快。」

　　三五銀箏興不窮，芙蓉江上醉秋風。於今邀抹渾無似，落草盤桓西社東。（《題畫》，見《八大山人詩鈔》）

　　目盡南天日又斜，時人莫向此圖詩。是魚是雀兼鸚鴒，午飯晨鐘共若耶。（《題魚雀圖》，見《八大山人詩鈔》）

　　此句意為早晚寺院吃飯時的敲鐘聲都是一樣的響聲，誰能分辨出來。此首題畫詩是以寺院早晚吃飯時敲鐘作比，說明畫中所描繪的魚鳥妙在似與非似之間，誰能分辨出來？顯然八大自以為得。這就是八大花鳥畫藝術魅力所在，故別人稱讚，八大也乘興作詩論畫。

五、論巧拙和審美中和

　　巧拙之論是五代後梁荊浩提出來的。他在《山水節要》中說：「筆使巧拙，墨用重輕，使筆不可反為筆使，用墨不可反為墨用。凡描枝柯、葦草、樓閣、舟車之類，運筆使巧；山石、坡崖、蒼林、老樹，運筆宜拙。雖巧不離乎形，固拙亦存乎質。」八大的「巧拙」論則有「質」的不同和發揮，那就是拙勝於巧，拙中寓巧，這是八大對中國畫論及創作思想的突出貢獻。

　　此余水明樓上工欲輟未輟時畫。歲月既忘，一日，蒼老年翁出筒中索題數首，亦是興既闌未闌時筆。語云「百巧不如一拙」，此其是耶。（《題畫黃雀》，見《八大山人書畫集》第一集）

　　畫中求拙，實際上是由工到寫，由刻板規範到隨意偶成，工夫到家後自然而然的靈性觸發；求拙實際上又是藝術成熟、獨具風采的一種表現，如龔賢後來所說「拙中寓巧巧無傷，惟意所到成低昂」（見《半千課徒畫說》）。由此可見八大「工欲輟未輟時畫」和「興既闌未闌時筆」皆是意到筆隨，恰到妙處，再過了就成俗作，可謂大巧若拙，所以八大得意地說：「百巧不如一拙。」

第七章

江西近現代畫壇

　　近現代江西畫壇依舊保持古已有之的傳統，一以貫之地名師輩出。陳師曾、傅抱石就像是兩顆耀眼的星星，永遠閃耀在畫史上。

第一節 ▶ 陳師曾的文人畫觀與近現代畫壇

一、陳師曾的藝術經歷

　　陳師曾（1876-1923），中國近、現代中國畫家。又名衡恪，號朽道人、槐堂，晚年得安陽出土唐志石顏其齋，又稱安陽石室、唐石簃，因敬慕吳昌碩（別號「蒼石」）又稱染蒼室。江西省修水縣人，一八七六年三月二日生於湖南省鳳凰縣，一九二三年九月十二日卒於江蘇省南京市。著有《中國繪畫史》《中國文人畫之研究》《染蒼室印存》等。後人編有《陳師曾先生遺墨集》（10集）、《陳師曾先生遺詩》（上下卷）等。

　　陳師曾祖父陳寶箴為湖南巡撫，父陳三立，號伯嚴，又號散原，清進士，著名詩人，曾任吏部主事，因參與一八九八年戊戌

變法，與父同被革職，隱退自號神州袖手人。其弟陳寅恪是歷史學家。陳師曾六歲學畫，一八九〇年在長沙受尹和伯之陶冶。一八九四年在湖北從周大烈習文學，從范仲霖學魏碑漢隸。一八九八年，考入南京江南陸師學堂附設礦路學堂學習。一九〇一年春至上海，入法國教會學校學習一年。一九〇二年，偕弟陳寅恪東渡日本留學，與魯迅共讀於東京弘文學院，朝夕相處，關係密切。一九〇六年，在東京結識李叔同，兩人一見如故，始終保持友誼。一九〇九年回國，任江西教育司長。不久，被聘為南通師範學校博物學教員。一九一三年赴長沙，任長沙第一師範教員；又受教育部之聘，至北京從事圖書編輯工作。約在一九一四年，

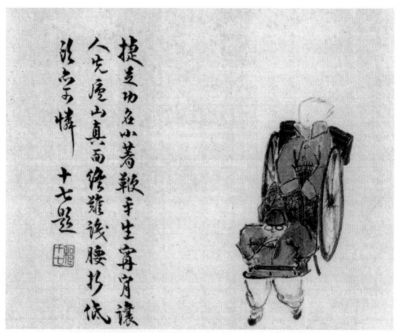

▲ 圖 2-50　民國陳師曾《北京風俗圖》之拉車人

陳師曾創作《北京風俗圖》（圖 2-50，2-51，2-52），後又被聘為國立北京高等師範學校中國畫教師，兼任北京女子師範學校及女高師博物教員，並遷居槐堂。一九一六年他繼任教育部編纂。一九一七年，他勸齊白石自創風格，兩人交誼愈來愈深。一九一八年，北京大學畫法研究會成立，陳師曾被聘為中國畫導師。一九二〇年中國畫研究會成立，陳師曾是宣導者之一，那年他發表了《清代山水畫之派別》《清代花卉之派別》《對於普通教授圖畫科意見》《繪畫源於實用說》等，並出版他的山水小品《陳朽畫冊》。一九二一年他的著名論文《文人畫之價值》在《繪學雜誌》發表。翌年，他的《中國文人畫之研究》一書出版，並受日本荒木十畝和渡邊晨畝之邀，赴日本參加東京府廳工藝館的中日聯合繪畫展覽會。

《北京風俗圖》為冊頁，共三十四頁，題材可分四類：第一類描寫普通勞動者和窮苦市民的生活百態，占半數以上，如收破爛者，撿拾破紙碎布的老人等；第二類描寫舊時北京的婚喪嫁娶和民間娛樂活動，如吹鼓手、執旗人員；第三類是前清的遺老遺少百無聊賴的情態，如品茶客、玩鳥者等；第四類是諷刺畫，如「陸地慈航」「隔牆有耳」，內涵深刻。

《北京風俗圖》產生於陳師曾的創作盛期即北京時期（1913-1923），由於沒有確切的創作時間的記載，學者們推斷它可能產生於一九一四至一九一五年間。當時的中國，民主革命的浪潮與封建勢力仍在做著不屈不撓的鬥爭，袁世凱稱帝、張勳復辟、護法運動、護國運動等一次次地震盪著中國。畫家本人是一個有民主思想的文人畫家，他雖然不處在革命的洪流之中，然而他卻用

敏銳的眼光、幽默的筆調為我們勾畫了嚴酷的歷史，這種歷史是最底層的、最深刻的。可以說，《北京風俗圖》最主要的一個成就便是運用真實的筆調為我們描繪了二十世紀初的民俗風貌。

　　從藝術的角度講，這幅冊頁也有著突破性的成就。首先是從題材上講，它用大量的篇幅表現下層人民的生活百態，打破了晚清人物畫囿於佛道、仕女、高士等一類題材的局面，在文人畫家的圈子裡，這個行動是激進的，具有震撼力的；其次，畫家的這種對準下層的眼光，也反映了他在創作理念上的突破。可以說，陳師曾具有了現實主義的創作精神，這在二十世紀初的時候是難

▲ 圖 2-51　民國陳師曾《北京風俗圖》之弦師

▲ 圖 2-52　民國陳師曾《北京風俗圖》之拉駱駝
《北京風俗圖》，紙本，設色，中國美術館藏。

能可貴的；第三，在技法上，畫家採用了西方的藝術手法，在原
作中我們可以看到殘存的用鉛筆起草的痕跡，而且整幅繪畫是有
速寫因素的，另一方面，《北京風俗圖》又堅持了文人畫一向主
張的以書入畫的原則，使之又有著傳統筆墨的形式美。這種形式
影響了以後許多畫家如豐子愷等的創作，具有承前啟後作用。

　　畫成之後，許多文人、畫家如金城、姚茫父等為之題字賦
詩，使之更加具有了文人畫的意味。總之，《北京風俗圖》可以
說是具有雙重知識背景的中國文人用其特有的藝術形式對那個黑

暗的時代進行的絕妙諷刺，它增加了「文人畫」的含量，在近代中國畫史上具有重要地位。

二、陳師曾的藝術成就

陳師曾在當時的北京畫名極盛。他主張感情移入和畫外功夫。他作畫講創造、重生動、求意趣、師造化，他的許多寫生小品，尤其是庭院園林小景，意趣盎然，都是從生活中寫生得來。在當時臨摹成風的畫壇中，能獨樹一幟。他的山水畫既重視傳統技法，又學而能變，他的花鳥畫，長於大寫意筆法，渾厚綺麗，能自成簡遠雄秀一派。他的人物畫，帶有速寫和漫畫的情趣，《北京風俗圖》《讀畫圖》等，都是從現實生活中來，能突破陳習，揭露舊社會勞動大眾的苦難生活，意境新，耐人尋味，有創新精神。

陳師曾的藝術近學吳昌碩、揚州八怪、石濤、八大山人，遠涉沈周、沈顥、藍瑛及宋元諸家。但他學習傳統不是絕對恪守前輩的思想，而是能在繼承傳統中揚棄不合時代的觀念，把握其藝術的規律，同時又重觀察，從現實生活中吸取題材。他的畫面與自然和人生有著不可分割的聯繫，並充滿著生活情味和審美趣味。無論是漫畫、風俗畫，還是人物、山水、花鳥，一看便覺得氣象不凡、意趣橫生，他無愧是近代畫壇上的一位大家。

（一）陳師曾的山水畫

師曾先生在繪畫上的傑出成就尤在山水畫和花卉畫。山水畫在唐宋以來，作為畫壇的主流，已經盛行了一千多年。但自明清

以來，重視臨摹，尤其到了清代的四王（王時敏、王鑒、王翬、王原祁），完全以臨摹元代四家（黃公望、吳鎮、倪瓚、王蒙）為旨歸，尤其是臨摹黃公望，成了唯一的畫法。在「四王」以後，成了「人人大癡，家家一峰」，因而造成千篇一律、陳陳相因的衰弱不堪的境地。這種情況，到了清代末年，已經達到極點。師曾先生力矯「四王」流弊，不再承襲「四王」的畫法而另闢蹊徑。先從沈石田入手，以吸他的堅強挺拔的筆力，繼學龔半千，以採取他純厚古樸的墨法，然後肆力於石溪、石濤以求其磅礴恣肆的氣魄，與不主故常的構圖。所以師曾先生的山水畫筆力挺拔，墨法深沉，氣魄雄厚，格局奇肆，與死氣沉沉，無筆無墨的「四王」末流完全不同，振衰去弊，對於近代山水畫的復興，師曾先生是有啟蒙的貢獻的。

師曾先生的山水畫，存世較多，有近似沈石田的，有近似石溪的，有近似倪雲林的，有意在龔半千的，有筆效梅瞿山的。大致早年致力石田，晚年神似石濤，但無論學哪一家，似哪一家，只是神似而不是形似，仍具有自己的基本面貌，一見就可知不同於古人，更不同於今人。為篇幅所限不能詳加介紹，僅是《荊鄉詩意》就可以作為代表作品。這幅畫作於癸亥（1923）仲春，先生去世前四五個月，可以說是絕筆了。在這幅畫裡很可以看出融合了石田、石溪、半千和石濤的優點，筆筆是古人，又筆筆是自己。至於氣勢的雄壯，精神的健旺，在近代山水畫裡更是突出的。

師曾先生在山水裡另一特出傑作，是寫生的園林小景，筆墨精練，取景巧妙，能合中西方法於一幅，而不見湊合的痕跡。

（二）陳師曾的花卉畫

　　陳師曾的花卉畫得吳昌碩親授，擅長梅、蘭、竹、菊、松、荷、牡丹、秋葵、水仙、桃子，用筆放達不羈，出奇造意，矯柔為剛，「視若怪醜，神理自媚」。陳師曾畫《桃實圖》也是出於祝賀人們長壽，祈求平安延年。但他與吳昌碩、齊白石的桃，各有特色。吳昌碩用羊毫，陳則喜用狼毫，硬筆挺拔，古樸而不粗野，秀麗而不纖弱，能畫出桃的豐神俊逸、平中見奇，暈染潤滋，分枝布葉，流暢自如，桃色明淨，是其獨造。吳則筆力蒼勁，重在氣勢。齊白石的桃，筆法簡練，色彩濃豔強烈，具有民間繪畫氣質，又融有文人畫之精神。陳師曾筆下的花卉竹石，都是「緣物抒情」，畫景是為畫情，是表現他的性靈，傾吐他的心聲感受和文人的趣味。陳師曾以其才思敏捷將詩境融於畫境，修養全面，故所作花卉能筆簡而意趣橫生。

　　如他的《荷花慈菇圖》（圖2-53），幾抹粗壯蒼潤的枝葉

▲ 圖2-53　陳師曾《荷花慈菇圖》紙本設色，縱89.5cm，橫46.5cm，中央美術學院藏。

是以篆隸的筆法寫出，緊接著點染了散聚有致的花朵骨苞，而這墨色相浸的效果既沉著飽滿又烘托出花葉的神采氣韻，造成了渾然一體的結果。右三行通體的書法題跋充實了畫面的力度，又形成了直與斜對比的情趣。畫家在完成了書、畫、印的工作後略加收拾。畫家以深淺赭綠表現荷葉的向背，用筆揮灑自如，葉筋勾得疏密得當，以墨雙勾荷花，淡設水色，以赭墨畫水草，用筆虛實相間，意氣相連。畫家並不是單純地摹寫物象，而是在其中寄予無限的情思。

　　中國的花卉畫分工筆、寫意兩派。寫意派的花卉，從明代的沈石田、陳白陽、徐天池之後大為發展。到石濤、八大更為突出。其後揚州八怪推波助瀾，到了清代末年由趙之謙、吳讓之、任伯年到吳昌碩而達到極點。師曾先生的花卉顯然接受了吳昌碩的影響，但與一般學吳昌碩的不同，他具有自己獨特的面貌和特點。吳昌碩的畫是繼承了前代寫意花卉畫而加以發展，其筆力的雄壯，色彩的濃豔，構圖的奇特，已高人一等，主要在運用金石書法於繪畫，其筋骨的堅挺純粹，完全從石鼓漢印中運化而來，其所以能度越前古，超出時流，原因在此。師曾先生也是精於書法，嫻於印章，也一樣能運用書法篆刻的精髓於繪畫，故所作寫意花卉也一樣大氣磅礴，縱橫捭闔，在吳昌碩以外，露其頭角，自成一派。其所以不同，吳昌碩是柔中寓剛，純以寫字的方法作畫，所畫形態有時不免失之過甚。師曾先生則剛中寓柔，於寫字方法以外，仍精研博物學，於筆墨馳驟之中而不失形態的本然。故能賦色妍淨，姿態嬌夭，枝幹挺拔，生意盎然，縱橫而不霸悍，挺拔而不枯槁，古樸而不粗野，秀逸而不纖巧。

師曾先生的花卉在吸收傳統方面也很廣泛。他學習某一家既能把握某一家的精神，但又有不同於某一家的特點。他曾學趙子固的水仙，學沈石田、陳白陽、徐天池的花卉。對於石濤、八大也儘量吸收他們的用墨運墨的優點，而於揚州八怪的李復堂則致力更深。就是高南阜、黃瘦瓢以及鄭板橋都能兼收並蓄，豐富營養，獨創風格。平生雖以大寫意為主，但偶畫寫生小品則秀逸宛如華新羅。這也是吳昌碩所沒有的。我們現在從他的一幅《濟南荷花》就可以見師曾先生大寫意花卉的一斑。

梅蘭竹菊本是花卉畫中一部分，由於這幾種花卉，具有特殊的性格，如梅是耐寒的，蘭是幽芳的，竹是虛心高節的，菊是傲霜的，文人詩客都拿它們代表人的一種美德，所以特別喜歡畫它們，逐漸成了獨立的畫科，也有了單獨的畫家，同時一般的花卉畫家無不兼畫，而師曾先生是兼擅並長，在這一方面是超越近世許多畫家，就是吳昌碩、齊白石也有所不及。

師曾先生的梅花頗似金冬心，細枝繁蕊，清秀異常。蘭花則脫胎於石濤及汪之元，迎風抱露，翩趾飛舞，繁而不亂，挺而不硬，極能得石濤的神韻，為揚州八怪以來如晴江、板橋、昌碩等人所不及。至於墨竹則取資尤廣，對吳仲圭、王孟端、夏仲昭、歸昌世、石濤、板橋等歷代畫竹專家的優長無不吸收，如風竹、雨竹、晴竹、老竹、嫩竹以及竹筍無一不畫，畫無不工，杆亭亭而葉蕭蕭，如見其動，如聞其聲。尤善畫晴竹，竹葉筆筆向上，有欣欣向榮、奮勇向上的感覺。石濤的蘭竹為清代畫家的一絕，師曾先生的蘭竹可以稱為近代畫家的一絕。至於菊花雖與梅蘭竹並稱四君子，但專門名家很少。師曾先生畫菊亦頗擅長，唯不及

蘭竹的有特色。

（三）陳師曾的漫畫

陳師曾畫漫畫，如今卻是鮮為人知，然漫畫實為師曾走向大家的第一步，沒有這第一步，也許就不會有後來的風俗畫和人物畫。由於他畫漫畫是偶一為之，所以知曉的人不多。然他開創性的成就，歷史是不會忘卻的。豐子愷在《我的漫畫》一文中記述了陳師曾對漫畫的功績：「人都說我是中國漫畫的創始者，這話半是半非。我小時候，《太平洋畫報》上發表陳師曾的幾幅簡筆劃《落日放船好》《獨樹老夫家》等，寥寥數筆，餘趣無窮，給我很深的印象。我認為這真是中國漫畫之始源。不過那時不用漫畫的名稱，所以世人不知『師曾漫畫』，而只知『子愷漫畫』。」其實「漫畫」兩字，師曾在宣統元年（1909）畫的《逾牆》上就題有：「有所謂漫畫者，筆致簡拙，而托意詭，涵法頗著，日本則北齋而外無其人。吾國瘦瓢子、八大山人近似之，而非專家也。」師曾認為類似漫畫藝術的形式在中國早已有之。這一見解，十分精闢，因為有些學者認為漫畫是「舶來的藝術」形式，「漫畫」兩字最早見於一九二五年鄭振鐸主編的《文學週報》。其實不然，陳師曾於一九〇九年就已用「漫畫」這個名稱了，他比《文學週報》要早十六年。而陳師曾畫的古詩新畫，確實與漫畫極為相似，故豐子愷說世人不知「師曾漫畫」。然他最先應用「漫畫」二字和最早進行漫畫創作的事實，歷史為他做了佐證。《北京風俗圖》是陳師曾的代表作，它的創作年代為一九一四到一九一五年間，描寫民初北京街頭巷尾常見的人情風俗，全是

「下等小人物」，如《敲小鼓者》《潑水夫》《磨剪子菜刀》《人力車》《橐駝》《掏糞工人》《玩鳥人》《牆有耳》《壓轎嬤嬤》。二十世紀初，這些人物在北京是司空見慣的。民初北京正處於袁世凱的反動統治下，暗探密佈，動輒殺人，因此茶肆飯館處處張貼「莫談國事」的紅紙條，這些對剛從湖南來京的陳師曾印象自然很深刻。他的《牆有耳》就是在這種情況下創作出來的，主題是揭露賣國賊「嚴禁小民莠言干政」。畫家選擇這一題材，具有典型意義。掛著「雨前」牌子的茶館面前，站著兩個鬼鬼祟祟、帶有特殊使命的人，他們在偷聽茶客們的談話。為此，茶館酒肆張貼著「莫談國事」的紅紙條，以告誡客人不要談論時政，以免連累自己和店主。誠如畫旁的題詞：「莫談國事貼紅條，信口開河禍易招。仔細須防門外漢，隔牆有耳探根苗。」畫家用極簡練的畫筆，揭露了瀕臨絕境、獨裁賣國的袁世凱鎮壓平民，顯然帶有諷刺、嘲笑、鞭撻的意味，將反動派的橫行不法、暴戾恣睢表現得淋漓盡致。

又如《乞食披塵》。畫家僅繪人力車之一角，坐車者回頭視後，一老婦蓬頭垢面，敞衣小腳，右手執布帶，左手持香一炷，供客點煙，逐車乞錢。畫家的朋友程十七在一九二五年題曰：「予視師曾所畫北京風俗，尤極重視此幅，蓋著筆處均極能曲盡貧民情況。師曾此用心亦苦矣。」看了此畫，我們立即想起寫乞丐的詩句：「垢顏蓬鬢逐風霜，乞食披塵叫路旁。此去回頭君莫笑，人間貧富海茫茫。」畫家把老婦的形象描寫得相當深刻，觀眾一見便知統治者殘酷的剝削和巧取豪奪，致使廣大勞動者淪為乞丐。

陳師曾的《北京風俗圖》，是他每天步行街頭的所見所聞，對下層勞動者的生活細心觀察，體驗尤深，並抓住了具有典型意義的細節，如人力車夫戴眼鏡、坐車婦女面蓋紗巾，反映了當時北京風沙很大的環境，帶有濃厚的時代氣息。陳師曾的《北京風俗圖》能畫得如此生動，與他深入觀察、體驗有關。有這樣一個笑話，很能說明《北京風俗圖》能受人歡迎的原因。一九一四年前後，魯迅在教育部工作時，「時常邀集二三友人到絨線胡同西口路南的回教館樓上吃牛肉麵，從東鐵匠胡同斜穿馬路過去，路沒有多遠。有一次適有結婚儀仗隊經過，陳師曾離開大家，獨自跟著花轎看，幾乎與執事相撞，友人們便挖苦他，說師曾心不老，看花轎看迷了。隨後知道他在畫風俗圖，才明白他追花轎的意思。圖中有吹鼓手打執事，那是屬於這一類的」（見周遐壽著《魯迅故家》）。陳師曾不僅畫風俗畫，他還畫有佛像、羅漢和油畫半身像，創作數量雖然不多，但對後來畫壇影響較大。

（四）陳師曾的藝術思想

陳師曾先生的文章和著作均系有關美術及繪畫史方面的論著。在論文方面計有《清代山水之派別》《清代花卉之派別》《中國人物畫之變遷》《中國畫是進步的》《繪畫源於實用說》《對於普通教授國畫科意見》《文人畫之研究》（內含自著《文人畫之價值》與翻譯日本大村西崖《文人畫之復興》兩篇）、《摹印淺說》。

陳師曾的藝術思想，深受傳統繪畫理法「外師造化，中得心源」「應目會心」「以形寫神」「緣物寄情」的影響，他服膺孔

孟程朱理學；但他畢竟留日九年，又生活在維新變法、風雲變幻、歐風西雨猛烈衝擊國內學術風氣、文藝界正處在革故鼎新的時代，他接觸到許多西方現代文明科學的新思潮，他的思想已不是傳統的儒家思想，而是具有近現代新儒家的特色，形成了他終生堅持以中國文化藝術為本的學術主張。他認為新美術「宜以本國畫為主體，舍我之短，秉人之長」「融會中西」「畫吾自畫」。他為文人畫辯護，強調繪畫的民族性和繼承性、時代性，並用民族繪畫的主體性去對抗「全盤西化」和一切貶低否定中國傳統繪畫的論調。

十九世紀末，維新運動的領導人康有為等人在改科舉、倡西學、興新學時提出「中學為體，西學為用」的主張，這對陳師曾影響很大。「五四」新文化運動的掀起，在科學和民主思想的衝擊下，「打倒孔家店」「打倒封建文化」，傳統美術被看作是封建主義的代名詞，自然被列為打倒的對象。在革「王畫」的「命」時，中國畫被斥責為不科學、落後、不重寫實，為此要按照西洋畫的模式來改造中國畫。康有為認為「吾國畫疏淺」，遠不如西洋畫。「中國畫衰敗的根源就在文人畫家的寫意。」若不廓清文人畫的一些謬誤，尤其是理論上的錯誤，「中國畫應遂滅絕」。陳獨秀在答呂的《美術革命》信中說：「自從學士派鄙薄院畫，專學寫意，不尚肖物。這種風氣，一倡於元代倪黃（倪瓚、黃公望），再倡於明代文沈（文徵明、沈周）。」「若不打倒，實是輸入寫實主義，改良中國畫的最大障礙。」「五四」時對封建文化的批判是必要的，但蔑棄一切文化傳統釀下的苦酒，其影響也是很大的。其實，中國文人畫在人類文化史上佔有重要的一席之

地，對世界藝術曾經做出過重大貢獻，這不僅是東方學者如此看，連許多西方畫家也如此看。凡‧高、馬蒂斯、畢卡索都從東方繪畫中得到啟示。任何一個國家和民族的藝術，總是有繼承的、連貫的，而且是螺旋式上升、不斷地進步的。世界上沒有一種文化藝術是憑空產生發展起來的，都與其他文藝相聯繫。西洋畫好，但它不能代替中國畫，更不能包攬所有國家的藝術。每個民族、每個國家都有自己民族的、適應本國人民審美要求的藝術形式。在不少人拜倒於西洋畫時，陳師曾卻更加冷靜地思考著，他卓爾不群地發表了《中國畫是進步的》和《文人畫的價值》兩篇論文。陳師曾主張中國畫要發展、要創新，同時他又主張吸取西洋畫中有益因素，也就是他說的「采人之長，中西融會」。早在一九一一年「五四」運動前八年，他在介紹一篇譯文中這樣說：「西洋畫界，以法蘭西為中心；東洋畫界，以我國為巨擘。歐亞識者，類有是言。東西畫界，遙遙相峙，未可軒輊，系統殊異，取法不同，要其喚起美感，涵養高尚之精神則一也。西洋畫輸入我國者甚少，坊間所售，多屬俗筆，美術真相，鮮得而睹焉。日人久未氏有《歐洲畫界最近之狀況》一篇，今譯之以介紹於吾學界，藉以知其風尚之變遷，且彼土藝術日新月異，而吾國沉滯不前，於此亦可以借鑒矣。」

　　陳師曾在「五四」新文化運動中，能站在中國文化的制高點，用兩種眼光看問題，他沒有近代人第一次看西方時的自卑心理，也不狂妄自大、目空一切，而是以平常心看西方，以謙虛自強精神學西方。他認為中西繪畫沒有誰高誰低、誰優誰劣，「未可軒輊」，只是「系統殊異，取法不同」。在藝術功能上都是為

了喚起人們的美感，培養人們高尚的情操，提高健康愉悅的精神和道德。他看到了當時中國畫壇上的流弊，「彼土藝術日新月異，而吾國則沉滯不前」。因此，他提出，中國畫要進步、創新「宜以本國之畫為主體，舍我之短，采人之長」。他的藝術觀點，無論是從藝術發展的歷史科學、藝術實踐的繼承性同一性，還是從學術爭鳴的冷靜、學術獨立的價值觀、構建中國新美術的思考、藝術形式的多樣性來看，都可以說陳師曾是超乎常人的睿智和深刻，確實具有真知灼見。

綜觀陳師曾的藝術成就，他能將衰頹的文人畫拓展出一條新徑，使文人寫意畫得到新變，並從理論上肯定了文人畫對民族繪畫的重要貢獻。作為民族繪畫特有的藝術品種，文人畫是不會滅絕的，文人畫更會在自身變革中發展、創新而獲得新的生命。陳師曾的藝術實踐，就是最好的證明。

師曾先生家學淵源，詩詞優長，詩尤清新俊逸，不貌襲其祖若父。詩作頗多，有家藏稿本，有江宋手寫石印本。由俞劍華連同題畫詩編為《槐堂詩鈔》，陳石遺評師曾先生的詩說：「卷中多可存之作，仍以擬二謝者為上，學北宋者次之。」師曾先生每畫必題，長篇短句，與畫互相映發。其中每多關懷時事，借物寓意，雖沖漠融和而有一種抑鬱精悍之氣，每有弦外之音，使人味之無窮。

他的篆刻初學趙之謙，繼學吳昌碩，之所以取室名為染蒼室而印譜叫《染蒼室印存》，是因為吳昌碩又名吳蒼石。雖學吳印但與吳不同，亦具有自己的面貌。他使刀如筆，渾古樸茂；小印瀟灑遒勁，大印氣勢磅礴。

師曾先生的書法也是各體備能，無論鐘鼎籀文，小篆漢隸，北魏行草楷書，無不兼擅並長。筆力堅挺，如精金美玉。喜用硬毫禿穎，而能宛轉圓潤，剛健婀娜，富於金石氣，在近代書家中，亦屬翹楚。

由於陳師曾的國學基礎深厚淵博，所以他能融書畫篆刻於一爐。陳師曾極重藝術教育，王雪濤、王子雲、李苦禪、劉開渠、俞劍華、蘇吉亨、高希舜等均為其授課門生。

第二節 ▶ 傅抱石與中國近現代美術

一、傅抱石的藝術經歷

傅抱石（1904-1965），我國著名畫家，「新山水畫」代表畫家。原名長生、瑞麟，號抱石齋主人。一九〇四年十月五日生於江西南昌，祖籍江西新余。少年家貧，十一歲在瓷器店學徒，自學書法、篆刻和繪畫。一九二五年著《國畫源流概述》，一九二六年畢業於省立第一師範藝術科，並留校任教。一九二九年著《中國繪畫變遷史綱》，一九三三年在徐悲鴻幫助下赴日本留學。一九三四年在東京舉辦個人畫展。一九三五年回國，在中央大學藝術系任教。抗日戰爭期間定居重慶，繼續在中央大學任教。一九四六年遷南京。

新中國成立後，曾任中國美術家協會副主席、美協江蘇分會主席、江蘇省書法印章研究會副會長，並當選為第三屆全國人民代表大會代表、第二屆政協全國委員會委員。一九五二年任南京

師範學院美術系教授。一九五七年任江蘇省中國畫院院長。由於他長期對真山真水進行體察，畫意深邃，章法新穎，善用濃墨、渲染等法，把水、墨、彩融合一體，達到翁氣磅礴的效果。在傳統技法基礎上，推陳出新，獨樹一幟，對新中國成立後的山水畫，起了繼往開來的作用。其人物畫，線條勁健，深得傳神之妙。一九六五年九月二十九日病逝於南京，卒年六十二歲。

　　傅抱石在藝術上崇尚革新，他的藝術創作以山水畫成就最大。在日本期間研究日本繪畫，在繼承傳統的同時，融會日本畫技法，受蜀中山水氣象磅礴的啟發，進行藝術變革，以皮紙破筆繪山水，創獨特皴法──抱石皴。他的人物畫受顧愷之、陳老蓮的影響較大，但又能蛻變運用，自成一格。他筆下的人物形象大多以古代文學名著為創作題材，用筆洗練，注重氣韻，達到了出神入化的效果。人物以形求神，刻意表現人物的內在氣質，雖亂頭粗服，卻矜持恬靜。傅抱石先生人物畫的線條極為凝練，勾勒中強調速度、壓力和面積三要素的變化，不同於傳統沿襲畫譜的畫法。他還把山水畫的技法融合到自己的人物畫之中，一改清代以來的人物畫畫風，顯示出獨特的個性。傅抱石是開宗立派的一代藝術大師。為了緬懷傅抱石同志，新余市人民在新余市建設路西端的龍虎山修建了占地面積二十九點一三公頃的抱石公園，來紀念這位新余籍的畫家。

二、傅抱石的藝術特色──「抱石皴」

　　在眾多的古代大畫家中，傅抱石奉石濤為神明，他自名「抱石」即是一最好的注腳。眾所周知，石濤是明清之際偉大的山水

畫革新家，他的作品是從自然造化中擷取粉本的，是真山真水真情，因此才將傅抱石深深吸引。傅抱石推崇石濤，同時也注意博採眾長，豐富自己的表現手段，他認為「每位畫家都應該有他個人的傳統習慣和擅長的那一部分」，因為一樹一石，要達到純熟而有自己的面目的境地，絕非偶然可得，要想每幅均有自己的面目，更非易事。所以，他曾經「全部或部分地臨摹古人之作」作為他個人作品的一個組成部分，並毫不掩飾地盡可能在上面詳細地加以說明。除了全臨石濤的作品之外，還有部分臨元人作品而成的《風雨歸舟》圖，有脫胎張瑞圖作品的《觀瀑圖》，《精廬中有誦經人》出自梅清的作品，《設色山水》出自邵彌，而《廬山謠》中的太白像則來自梁楷。此外，他的《問道圖》《過雪山》又分別受益於日本畫家橋本關雪的《訪隱圖》和橫山大觀的《江天暮雪》。

在水墨的借鑒上，傅抱石曾一再提及米芾、米友仁父子以及馬遠和夏圭，指出他們的創造性的努力，「在作者和鑒賞者的思想中，幾乎是『墨即是色，色即是墨』，使水墨、山水順利經過『不平凡』的元代而成為中國繪畫傳統的主流」。抱石學得了水墨並用、淋漓酣暢之法。在人物畫方面，傅抱石較早就開始學習東晉顧愷之的作品，通過對顧愷之的《洛神賦圖卷》以及初唐閻立本的《歷代帝王圖》《步輦圖》、明末清初張大鳳的《桃柳人物》等古代人物畫的研究，發現「中國人物畫上的線的運用始終沒有改變，並不斷地有了發展和提高」。而他自己對於顧愷之等古代畫家人物畫技法的汲取，更是顯而易見的，從形態到線描，皆有跡可循。關於臨摹古人這一點，他曾明確提出：「近日論畫，厚

寫生而薄臨古，亦矯枉過正之論也。予以為兩者皆習作之手段。非寫生無以積丘壑，非臨古無以嫻技法，相生相成。」

　　傅抱石一生藝術建樹頗多，然而他最突出的成就是在中國畫的創新上。他認為「中國繪畫的形象構成是由線條起著決定性的作用，而線條的變化基本上乃由於用筆的不同。」在中國傳統山水畫技法中，通常遵循以書入畫的原理，注重筆法的運用，講究中鋒側鋒，形成一套程式化的用筆技巧，從本質上看，這就是皴法之妙。所謂皴，就是山石的脈絡紋理，皴法則是表現山石脈絡紋理的用筆方法。而傅抱石的革新是集多種皴法於一體，抒心中豪情於紙上，打破了傳統繪畫技法的局限，同時又善用濃墨、注重渲染，講究線條的生動與自然，形成了獨特的藝術風格。

　　傅抱石的創新是在「師古」的基礎上實現的。在研究、師法石濤、夏圭等前賢的畫論和墨蹟的過程中，他總是善於取其精髓並賦予新意，在他看來，如果不如此就不是「活法」，而只能是呆摹的「死法」，難有所為。有所發明和創新始終是傅抱石的藝術追求，真正的藝術正是在繼承與創新中實現的。他獨創的「抱石皴」雄辯地印證了繼承與創新的關係，他以自己的藝術實踐說明，從古人的傳統那裡繼承中國畫傳統的技法之理是一個必要的前提，然後更要以個人的創作實踐豐富和發展中國畫的技法之理。「抱石皴」把水、墨、設色三者密切結合，潑墨揮灑，變化多姿，工寫並用，以排山倒海之勢，一氣呵成。他縱情用筆，加大壓力將筆鋒撳倒，使筆腹及筆根觸紙顯跡，再撚轉筆桿，致筆鋒散開成散鋒開花筆，然後在散鋒上提時，成無數中鋒，再下壓時則是無數中、側鋒兼使，遂出新境。他橫掃豎抹，隨勢鋪衍，

順逆用筆，能勾、寫、壓、掃、抹、塗、推、簇、轉；輕重、轉折、濃淡、疾徐、枯濕、方圓、飛白隨之而顯。如細察看，提起筆之成線，筆毫數簇，線若銀鉤，淩厲飛舞，含蓄微妙；按下擦之成塊，揮奔迷茫，空蒼鬱，把披麻、牛毛、卷雲、折帶、荷葉、解索、亂柴、斧劈等各種皴法之妙悉數融匯其中，墨象奇幻，變化多端，畫者之心間波瀾、深邃意趣連同物象特質皆瞬間躍然筆下，由此達到不假修飾、隨心所欲的藝術效果。他在四〇年代的繪畫作品中，喜歡加蓋一方篆文閒章：「蹤跡大化」「其命唯新」。這既是他的藝術追求，也是他對自己的美術思想的高度概括。[1]

三、詩畫合一

國畫大師傅抱石先生是位博大精深的學者，畢生著述二百餘萬字，涉及文化的各方面。他對古典文學與藝術的研究是同步的，於文學中尤鍾情於詩，歷代佳作無不熟稔，體現在他的畫中，大致有三個重點：首先是他最崇仰的戰國時代愛國詩人屈原的《離騷》，心儀其品德情操，同情屈子「抱石懷沙」自沉汨羅江的悲壯結局，因而自號「抱石齋主人」，先生所作《九歌》圖早已蜚聲遐邇。另一個重點是石濤。先生青年時期編著《石濤上人年譜》，從上人的生活到作品，考據精詳，故在藝術上受其影

1　諸山：《傅抱石美學思想淺論》，來自百度文庫。見 http：//wenku. baidu.com/view/8e98b2d049649b6648d74718.html。

響也最深，且以石濤詩入畫，隨手拈來即成佳品。

作為重點中的重點，抱石先生取材選用最多的還是唐詩。唐詩在創作的當時就深入民間，即至今日，歷朝士子必讀的四書幾乎塵封，但唐詩中的名篇卻依然孺子能背。古代典籍中有關哲學、道德等內容能在一定條件下保存，政治、社會的理論會隨著時代變化而被人淡忘，只有詩的藝術魅力卻永葆青春。畫家取材唐詩有其普遍性的一面，然而先生創作的唐人詩意畫卻有不同一般的特殊性。

傅抱石先生在藝術上崇尚革新，他的藝術創作以山水畫成就最大。在日本期間研究日本繪畫，在繼承傳統的同時，融會日本畫技法，受蜀中山水氣象磅礴的啟發，進行藝術變革，以皮紙破筆繪山水，創獨特皴法—抱石皴。由於長期對真山真水的體察，畫意深邃，章法新穎，善用濃墨，渲染等法，把水、墨、彩融合一體，達到蓊鬱淋漓，氣勢磅礴的效果。在傳統技法基礎上，推陳出新，獨樹一幟，對解放後的山水畫，起了繼往開來的作用。其人物畫，線條勁健，深得傳神之妙。六十年代初，傅抱石的事業達到了新的高峰，同時他的生命也走向了低谷。一九六二年，病臂使他竟夜難寐，飲食不安。十月，浙江有關方面安排他全家到杭州休養。然而在杭州的半年時間內，傅抱石並沒有停止創作，從後來出版的《浙江寫生集》中，我們可以看出他的勤奮。一九六三年，他專程赴井岡山、瑞金，革命聖土之行雖然時間短暫，但《井岡山》等一批作品的出現，才讓人們理解了他此行的真正意義。從這批作品中可以看出當時社會生活中的政治背景。「文化大革命」的前夜開始醞釀一個更大規模的政治運動，藝術

家作為一個人首先面臨的就是生存的選擇。此幅《蒼山如海，殘陽如血》創作於這一時期，於此同時傅抱石又集中創作了《冬雲》、《詠梅》、《登廬山》等一系列毛澤東的詩意畫。與五〇年代相比，這些毛澤東詩意畫已經失去了那種早期樸素的情感，一種裝飾化的傾向反映了時代的變化。但是傅抱石在時代的感召下，以其不懈的努力和不間斷地創作，使毛澤東詩意山水畫在新山水畫中獲得了特殊的地位，新山水畫也因毛澤東詩意畫的表現而在國畫中得到了少有的重視和廣泛的影響。整幅畫卷用那獨特的「抱石皴」描繪，都表明了傅抱石創作毛澤東詩意畫的始初，基本上沒有改變原來的畫法，遠處的雲海被升起的紅日染紅和畫面下部山體形成鮮明的對比，整個畫面更顯氣勢磅礴，把水、墨、彩融合一體，達到蓊鬱淋漓，氣勢磅礴的效果，不失為其藝術高峰期的一副精品力作。

繪寫毛澤東詩意是傅抱石先生後期繪畫創作極為重要的部分。毛澤東公開發表的三十餘首詩詞作品，傅抱石均有詩意圖問世。尤以人民大會堂裡的《江山如此多嬌》享譽最隆。

《江山如此多嬌》（圖 2-54）是傅抱石、關山月歷時四個月，於一九五九年為北京新建的人民大會堂所繪的巨幅山水畫。其高五點五米，寬九米的巨大幅面是中國畫歷史上空前的，立意取自毛澤東詩詞《沁園春·雪》。毛澤東主席親自為作品題句「江山如此多嬌」。整幅畫面表現出新中國生機勃勃的景象，而這張山水畫也是二十世紀五〇年代「毛澤東詩意畫」的傑出代表。

《蒼山如海，殘陽如血》（圖 2-55）取自毛澤東《憶秦娥·婁山關》詞意。成於一九五八年，時值「大躍進」如火如荼之

▲ 圖2-54 傅抱石、關山月《江山如此多嬌》

期，畫筆亦分外激昂壯闊。畫面不作險絕之勢，而以極蒼渾之筆寫前後兩山峭然聳立、勢摩雲天。多次渲染使得畫面渾然一氣，高大雄厚。山頭星星點點的紅旗及遠處雲海殘曙，則為畫中點睛之筆，雖著筆不多，既與詞意頗為妥帖，又得畫理刪繁就減之精髓，中間雲氣流蕩，打破畫面沉悶之勢，而益顯山川之高華。

《江山如此多嬌》，據《中國大百科全書·美術卷》及胡志亮《傅抱石傳》載，是一九五九年應周恩來總理指示，傅抱石與關山月合畫的，寬九米，高五點五米，面積達五十平方米。立意取自毛澤東《沁園春·雪》，「江山如此多嬌」六個字是毛澤東親筆題寫的。這一巨幅畫卷懸掛在人民大會堂主會場外大廳的正面，象徵著偉大祖國蒸蒸日上的壯麗前景，十分引人注目。

畫家運用古詩有兩種不同方式。一是以己意去湊古人的詩，譬如李白的《清平調》係借芍藥寫太真，而有人只畫花，卻把詩

▲ 圖 2-55　傅抱石《蒼山如海，殘陽如血》
1958 年作，立軸，紙本設色，縱 113.5 釐米，橫 67.3 釐米，
原藏南京博物院，現收藏處不詳。

句全部抄上，其實畫面離主題甚遠。另一種是根據古人的詩立意，從中汲取靈感，抓住其精神實質進行藝術再創造，無須題詩而詩意盎然。抱石先生可稱後者之典範，他的古人詩意畫既有宏景巨制，又有小品點睛，雖在有些畫中題上詩句，但不占重要位置，有的只寫題目，有時僅題款，可是讀者一目了然畫的是哪首詩。臻此化境，絕非偶然。先生所有的繪畫作品都是轉化為視覺形象的詩，他本身就具備詩人的氣質。除了標明為詩意畫的以外，凡寫「胸中丘壑」或寫生作品，都是擷取大自然蘊蓄的詩意。描寫古人形象或其逸事，就是歌頌某一古人或吟詠某一場景的詩句。畫的語言即詩的語言，畫的意境即詩的意境。區別於一般所謂的「詩配畫」，而是詩即是畫，畫即是詩。

抱石先生對古人從深切理解進而達到思想感情的共鳴。先生「思接千載」（劉勰《文心雕龍·神思》語），先生以絕代天才與古人心意相通，他筆下的人物不同於穿古裝的現代演員，而是再現真正的古人。因而他的古人詩意畫既體現了詩人的三昧，又是與作者靈魂的默契。這是先生古人詩意畫卓絕千古之處，我們從《唐人詩意畫冊》可以略窺端倪。先生巧妙地以最少的筆墨表現最多的內涵，也是在最小的空間賦予最大的容量，非「大手筆」不能。十六幅冊頁取材於先生酷愛的四家詩——李白、杜甫、王維、白居易。第一幅李白《將進酒》是一首較長的樂府，寫的是李白與岑夫子、丹丘生（指李白好友岑勳和元丹丘）同飲。畫面只有四個人物，點綴背景的屏風為大寫意，略掃數筆似示上面有畫。詩中「君不見黃河之水天上來，奔流到海不復回」「君不見高堂明鏡悲白髮，朝如青絲暮成雪」以及「古來聖賢皆寂寞，唯

有飲者留其名」這些感情和議論，目的是抓住時機飲酒。畫家塑造人物時設計了李白的揮手動作──「五花馬，千金裘，呼兒將出換美酒」。這一句話點出了詩的主旨，顯示了李白那「天生我材必有用，千金散盡還複來」的灑脫、氣派和豪情。詩人對面的一位已經微醺，另一位也有些拘謹，而李白卻意興愈高，沒有錢也不在乎，不管什麼值錢的東西都可拿去換酒，「與爾同銷萬古愁」，一醉方休。李白的這種性格與抱石先生又何其相似乃爾！先生也無愧為「酒中仙」，好像他也參與了這次飲宴，才有此神來之筆。

杜甫《聞官軍收河南河北》與兩大幅《即從巴峽穿巫峽便下襄陽向洛陽》（後一幅題字作「下了襄陽便洛陽」，或許另有所本，也可能偶然筆誤），題材相同。巫峽煙雲，長江浩渺，正是先生最得心應手的景色。大幅氣勢雄渾，小幅咫尺千里。在這幅冊頁中，筆勢飛動，重巒疊峰，若龍蛇騰舞，令人目不暇接。不論大幅小幅，都表現出舟楫在峽谷中順流而下，瞬息千里之勢，其精意就在一個「急」字，這正是杜工部當年聞家鄉收復，急欲返回的迫切心情。[2]

四、藝術思想與畫史著述

抗戰勝利後，傅抱石隨中央大學抵南京，授課之餘，一方面

2　《國畫大師傅抱石藝術》，見 http：//www.chinavalue.net/Wiki/Show-Content.aspx？titleid=433064

繼續進行國畫創作，另一方面致力於美術史和美術理論研究。其間出版有《中國繪畫變遷史綱》《中國繪畫理論》《中國古代山水畫的研究》《中國美術年表》《石濤上人年譜》等重要著述，對指導後學研究我國繪畫理論，有著極其重要的價值。文中節選一部分如下：

「中華民族美術的建設是在先負起時代的使命，而後始有美術的可言；是在造成統一的傾向，而後始有『廣大』『莊嚴』『永遠』的收穫。」[3]

「美術是民族文化最大的表白。若是這句話沒有錯誤，我們閉目想一想，再過幾百年或幾千年，有些什麼東西，遺留給我們幾百年幾千年後的同胞？又有什麼東西，表白現時代的民族文化？中華民族美術史上的這張白紙，我們要不要去寫滿它？這許多疑問，為中國美術，為中國文化，換句話，即是為民族，豈容輕輕放過！」[4]

「美術家，是時代的先驅者，是民族文化運動的幹員！他有與眾不同的腦袋，他能引導大眾接近固有的民族藝術。」[5]

「中國繪畫的精神，乃源於廣大的國土和民族的思想，它最

---

3 《中華民族美術之展望和建設》，《文化建設》，1935 年 5 月；《文集》第 100 頁，見 http://www.cg3000.com/html/cgTheory/ArtFoundation/20070930/zhonghuaminzumeishuzhizhanwangyujianshe39616.shtml。

4 《中華民族美術之展望和建設》，《文化建設》1935 年 5 月；《文集》第 102 頁。

5 《中華民族美術之展望和建設》，《文化建設》，1935 年 5 月；《文集》第 100-103 頁。

重要也是最特殊的世界各國所沒有的一點，便是對作者『人品』的極端重視，這在三千年前的周代已發揮了鑒戒的力量，再從此出發，逐漸把畫面的道德意識融化了作者個人，把畫面所再現的看作作者人格的再現。因此，不管花卉也好，山水也好，工筆的也好，寫意的也好，總而言之是『點』與『線』交織而成的心聲。」[6]

「中國人的胸襟恢廓，我看和這山水畫的發展具有密切的關係。大自然界給予我們的教育是活的，偉大而無異議，而以南京為中心的江南山水，更足以洗耳恭聽滌身心。繪畫思想上，寫實和自然的適切配合，再根源於前期傳統，就非常燦爛地開闢了另一境界。」[7]

據統計，在半個多世紀的藝術探索中，傅抱石共有美術論著一五〇多篇（冊），約二百多萬字，堪稱大學問家。而作為畫壇泰斗，傅抱石一生致力於中國畫和美術史的創作與研究，在尊重古人、繼承傳統藝術菁華的基礎上大膽探索，力行推陳出新，取得了令人矚目的成就，為中國畫的創新和發展做出了寶貴的貢獻。

6 《中國繪畫在大時代》，《時事新報》，1944 年 4 月 25 日；《文集》第296頁。

7 《中國結畫思想之進展》，1940 年；《文集》第 231 頁。

第三節 ▶ 黃秋園和程允賢

一、黃秋園

　　黃秋園（1914-1979），江西南昌人，名明琦，字秋園，號大覺子、半個僧、清風老人等。黃秋園的祖父曾任兩廣督總督府參事，父親畢業於江西法政專科學校，曾任吉安縣、豐城縣縣佐、警佐等職，後棄政在南昌劍聲中學教書。母親為家鄉賢達。秋園先生幼年啟蒙於私塾，後就讀南昌滕王閣小學，畢業於南昌劍聲中學，失學後曾在裱畫店學徒一年。秋園先生從小酷愛繪畫，十多歲就師從父親好友左蓮青先生學傳統中國畫，由於其繪畫悟性好，藝術較為超然，十九歲就開始以賣畫為生，作品頗為暢銷。一九三二年先後在武漢、長沙、濟南等地舉辦個人畫展。一九三八年經伯父介紹考入江西裕民銀行工作，任文書。曾經擔任過江西裕民銀行物資調撥處主任。新中國成立後為南昌市人民銀行科員，行政十九級。直至一九七〇年退休。

　　秋園先生畢生業餘從事繪畫，長於山水，工筆、寫意兼擅；水墨、青綠並能，其界畫功力為現代僅見。而且兼工人物、花鳥，能詩善書，精古字畫鑒賞，業餘政治評論、修養全面。抗戰期間在泰和、贛縣參加過抗日義賣畫展，其作品被搶購一空，所賣款項均贈難民救濟會。當時報刊對秋園藝術有專文介紹。二十世紀六〇年代黃秋園先生發起創辦了「南昌書畫之家」「南昌國畫研究會」等民間組織，曾出席江西省第二屆文代會，為列席代表。一九六二年，隨江西其他畫家赴井岡山寫生，同年赴滬與上

海中國畫院畫家賀天健、王個簃、唐雲等進行藝術交流。黃秋園先生生前困頓，但孤介不媚時俗。遠離名利，不求聞達，一直受到地方美術界少數人排斥，去世前仍未被吸收為地方美協會員。黃秋園先生于一九七九年病逝，享年六十五歲；逝世五年後，他的作品公之於世，震撼整個中國畫壇。一代宗師李可染先生歎息：「國有顏回而不知，深以為恥。」一九八六年在中國美術館舉辦了黃秋園遺作展，引起強烈反響；其後，被追認為中國美術家協會會員，一九八七年中央美術學院追聘秋園先生為名譽教授。中國畫研究院追聘秋園先生為榮譽院委委員。一九八七年中共江西省委宣傳部、江西省文化廳決定批准在南昌建立「黃秋園紀念館」。江西人民政府、南昌市人民政府先後將「黃秋園故居」、黃秋園居室列為省級、市級文物保護單位。一九八八年於香港舉辦其遺作展。黃秋園先生被人民美術出版社、臺灣錦繡出版社聯合出版的《中國巨匠美術週刊》中列為自晉代、唐、宋、元、明、清至近代的一百位中國美術巨匠之一。

　　黃秋園在繪畫方面多能兼善，山水、花卉、人物、界畫無所不工，他晚年的山水有兩種面貌十分引人注目，一種格局近乎宋人，層巒疊嶂，骨體堅實，墨法精微，畫面不強調空間的縱深，反復用鬼臉皴，形成一種現代感，所作雪景尤覺玉潔冰清；另一種筆法遠勝元人，丘壑雄奇錯綜，植被豐茂多變，仿佛有一種精神閃耀在雲蒸霞蔚中，從中可看出他對傳統山水的領悟已達到極高的境界。在長期研習創作中，繼承中國畫的優良傳統，並把積墨法的運用推向新的高度。所作山水雄渾博大，元氣淋漓，獨具風貌。其傳統國畫、工筆仕女、寫意花卉均俱精絕。黃秋園去世

後他的小說詩歌文學作品逐漸被人們認識，並得到藝術界的承認，八十年代北京更興起黃秋園熱，一九八六年舉辦了黃秋園個人畫展。李可染先生在參觀過黃秋園畫展後，對黃秋園的長子黃良楷說：「我很敬佩黃先生的畫，想用自己的一張畫換黃老的一張畫。」他還親自書寫了一段題跋：「黃秋園先生山水畫有石溪筆墨之圓厚、石濤意境之清新、王蒙佈局之茂密，含英咀華，自成家法。蒼蒼茫茫，煙雲滿紙，望之氣象萬千，撲人眉宇。二石、山樵在世，亦必嘆服！」這種評價出自李可染這樣的大師之口，是極少見的。

　　秋園先生的山水畫由傳統入手，欲開創出個人風味強烈的畫風。在他的山水世界裡既沒有南北之分，也沒有文人、院體之別，他以「南人」的心境探秘，以「北宗」的各種技法、技巧來陶冶「南人」的胸襟。南北宗的董源、郭熙、李成、王蒙、黃公望，「院體」的戴進、吳偉、馬遠、夏圭以及畫家兼文人的倪瓚、石濤、石溪、龔賢等，無不在他的畫中得到成功體現。晚年他獨創了一種有別於歷代名家的皴法新技法「秋園皴」，並編著有《中國山水畫傳統技法》一書。黃秋園堅持中國畫藝術的價值精神，他成功地繼承了中國民族繪畫的傳統精華，大膽探索，獨樹一幟。他晚年創造了一種前無古人、自成語彙，具有現代審美意蘊的藝術新技法「秋園皴」。黃秋園是在淡泊中獲得了主體自由，並尋到了創作空間，他的人格魅力與他的繪畫精品一樣，與日月共存。黃秋園繪畫已在世界各地出版，他的淡泊寧靜的崇高人品也必將與其繪畫作品一起昭彰於世界。

　　當代許多藝術家對黃秋園的成就給予很高的評價，茲引如

下：

　　李可染大師：國有顏回而不知，深以為恥，像秋園這樣的大家長期被埋沒是我們工作的缺點。整個中國美術史上能作積墨的不多，成功的更少。在積墨法上有突出成就的有龔賢、石溪，近代的有黃賓虹，再就是秋園先生了。中國畫藝術是在發展的，絕不是到了窮途末路，黃秋園先生的藝術成就再一次說明了中國畫強大的生命力。北京人眼光很高，這麼多展覽，看多了也麻木了，像這樣成功的展覽還沒有過，展覽有法國的、德國的、日本的，國內就更多了，都沒有這次成功，東山、平山我看都不如秋園。

　　劉海粟大師：黃秋園先生是江西人民優秀的兒子，我中華民族傑出藝術家，他的畫體現了中國人永不枯竭的創造力，工筆崇唐，底功扎實，以元人之筆，取宋人構圖，又得明末清初諸家之長，是自學成才的代表，作品證明了中國畫並無所謂「危機」，而是生機鬱勃。化古為新，人們正在認識他，他必將給祖國帶來光榮。

　　潘茲先生：秋園的作品就是放在故宮裡也是精品，他是江西的光榮，也是我們民族的光榮。他的作品可以作為我國文化界的一個項目拿到國際上去宣傳。

　　蔡若虹先生：黃秋園畫展在首都引起轟動，大家一致叫好，這是很不容易的，也是前所未有的。這並不是捧場，而是黃秋園精湛藝術作品把廣大美術家征服了。

　　華夏先生：黃老功力深厚，修養全面，昨日黃苗子、啟

功先生對我講，黃老的筆墨功力在當代可能找不到第二個。

黃苗子先生：傅抱石先生和黃秋園先生同是江西人，同是當代畫家，同樣有高度的成就，但傅先生生前就已有了盛名，而黃秋園先生直至他身後五六年，才有人發現他一輩子默默耕耘的驚人收穫……香港乃至全世界美術界做夢也沒有想到江西會出一個黃秋園。

黃君璧先生：黃秋園先生是位百年難遇的一位大畫家，了不起，比黃賓虹先生還高明。

白雪石先生：現在整個京城都在議論黃秋園先生遺作展，為之震動，他的作品是國之瑰寶，他是一位了不起的大畫家。

梁樹年先生：秋老的傳統功力，藝術修養，人品都很高，他集中古人最好的東西，加上自己的理解和生活中新的感受形成自己的獨特風格。我看展覽時當場寫了一首詩以表敬仰之情：「大滌大覺總歸真，清風清汀兩老人。留得廬山真面目，文章道德敢望塵。」

何海霞先生：像秋園先生這樣深厚的傳統功力，這樣全面的藝術修養，這樣嚴謹的治學精神，令人吃驚。嘆服，咱們北京第一次有這麼好的展覽。這不僅是江西的財富，也是我們國家的國寶。

陳沫吾先生：秋園老對中國畫的貢獻是十分令人信服的。他的細密佈局和對線條筆墨的把握，可以說是十分到位的，一般的人是難以企及的。他無愧於二十世紀中國繪畫藝術的大家，現當代的許多畫家多受其影響和薰陶。他與賓翁

堪稱中國繪畫藝術上「雙黃」世界，或可以說是中國繪畫藝術史上的兩座「黃山」。

侯一民先生：黃先生不愧為一代大家，為後世學者的典範。學院決定追聘黃秋園先生為我院教授，這是經過院藝術學術委員會全體委員通過的。院刊「美術研究」準備出黃秋園研究專刊，並在適當時候在院裡舉辦黃老展覽。

賈又福先生：黃秋園的藝術成就是不可估量的，要達到這麼高的成就要一輩子定下心來為之奮鬥的。他不僅大畫震撼人心，就是許多課徒畫稿，我看了也是精湛的。

黃秋園紀念館坐落在南昌市系馬樁街小桃花巷二十一號。黃秋園的故居是傳統的中國建築，一樓為清風堂，為接待友人的客廳，古樸的中國傳統傢俱，及許多名人的書法，佔據了牆面，二樓為主人的起居室及小客廳，現在在小客廳裡，擺滿了從民間收購而來的中式傳統傢俱及瓷器等物品，而主人的大幅半身相片，掛在廳堂的正中央，顯得莊重典雅，寂靜如斯，而藝術的泉水卻在這寧靜之中，仿佛在身邊流淌……三樓目前是先生的作品展覽之地，牆上掛著先生各個時期的作品，有山水，有人物，有花草，有動物，也有工筆畫及書法作品，等等，據館內的工作人員介紹，該館每半年更換一次先生的作品，許多從全國各地慕名而來的美術愛好者，大多會來兩次，這樣才能更多地觀摩先生的作品，從中學習中國畫的精髓，許多人在此一待就是一天，極其認真地學習體會先生的畫風與內在的藝術成就。

二、程允賢

程允賢，一九二八年九月出生於江西省南昌市，一九四九年六月畢業於國立湖北師範學院中國文學系，一九四九年七月參軍，一九五〇年入中央美術學院雕塑系學習，一九五二年畢業。現任中國人民革命軍事博物館雕塑研究室主任。他同時還是文職將軍、國家一級美術師、中國美術家協會顧問、中國美術家協會第五屆副主席、中國雕塑學會會長、北京市人民政府專家顧問、清華大學美術學院客座教授、南京大學美術研究院兼職教授。一九九一年，被評為國家級有突出貢獻的專家。

程允賢是著名雕塑家和書法家。在五十餘年的藝術生涯中，主要從事肖像雕塑和紀念碑雕塑的創作與研究，兼攻書法藝術。他創作的百餘座古今中外著名人物的青銅和大理石、花崗石雕像以及大型紀念碑，以深厚的造型功力，生動的形體語言，展示人物的神采風貌，力求刻畫其內在的心態、情感、風骨和氣質。意在像中，神在言外，體現了作者的藝術品格和「真、善、美」的藝術觀。國內四十多個城市、港、台以及日本、新加坡、泰國、德國、

▲ 圖 2-56　程允賢雕塑和平少女

美國、朝鮮、東加等地均有他的肖像雕塑，紀念碑雕塑或其他雕塑作品。在歷屆全國性大型美術作品展覽中多次獲獎或擔任評委。有九件作品被國家美術館收藏。中國人民革命軍事博物館專設「程允賢雕塑藝術館」，長期陳列。

《和平少女》（圖 2-56）雕像潔白如玉、嫻靜優雅、輕柔舒展、落落大方。她凝視著停落在臂上的和平鴿，目光有神，充滿青春與歡快，充滿陽光與和平。

少女上半身前傾，雙手向後護衛著白鴿。從橫向空間上，整個體積比別的雕像大了許多。少女純潔溫柔的微笑和優美的身體線條，給人以寧靜祥和的美好感受。這是安放於國外的第一座中國雕塑。

在人物性格塑造上，他著力刻畫領導人在起義前滿懷必勝信念的神情。同時，精心塑造每個人物。核心人物周恩來唯獨不穿軍裝穿便裝的造型，賀龍手拿煙斗、葉挺腳踏彈藥箱的設計，朱德自信而穩重、劉伯承沉穩而儒雅的表現，使得整個群像雕塑統一中又見變化，生動而藝術地再現了歷史風雲中的一瞬。當時，大家還碰到一個難題，就是處理人物形象時，是完全依據歷史還原五位起義領導人的年輕形象，還是考慮到人們心目中已經定格的、年長的偉人形象呢？後來，大家還是一致決定，塑造成熟時期的偉人形象。如此一來，人們走進南昌八一起義紀念館時，一下子便能認出那熟知的偉人形象，親近感、崇敬之意油然而生。這件雕塑作品獲得了二〇〇四年第三屆全國城市雕塑建設成就展「優秀作品獎」（最高獎）。

走進程允賢雕塑藝術的畫廊，置身在毛澤東、周恩來、朱

德、鄧小平、劉伯承、彭德懷、陳毅、賀龍等這些經天緯地的偉大人物的雕像中間，我們被深深地震撼了。這些無疑要載入中國藝術史冊的雕塑精品，以其磅礴的氣勢和讓人心潮澎湃的陽剛之美，向社會講述著一個個傑出人物叱吒風雲的燦爛人生，向人們訴說著中國風雲激蕩的百年歷史，向世界展示著中華民族博大的文化內蘊。

程允賢創作的百餘座著名人物雕塑，始終以表現愛國主義和革命英雄主義精神為主調，以其特有的藝術魅力謳歌和弘揚我們民族的精神。無論是表現毛澤東、周恩來、朱德、鄧小平等一代偉人的作品，還是表現成吉思汗、詹天佑、魯迅、張大千等方方面面的歷史名人的作品，都於樸實厚重、豪邁大氣中見真微，於具象逼真中顯神韻。作品如《毛澤東、周恩來、朱德》銅雕像（圖2-57）。在表現一代元戎的作品中，《朱德銅像》是他的力作之一。作品構圖是：戎馬一生、飽受戰爭硝煙洗禮的朱老總，身穿毛坎棉大衣，頭戴那個特殊歷史時期的八一軍帽，慈祥和藹的面容，讓人覺得可親可敬。於一九八九年完成的四米高《彭德懷騎馬銅像》，更是被雕塑界認為是中國軍事題材雕塑藝術贊然鄧小作。作品展示的是：指揮千軍萬馬的彭大將軍手持望遠鏡，騎在高頭大馬上，正揮師三軍於硝煙滾滾的戰場。作品形象傳神地表現了毛澤東同志為慶賀彭德懷指揮吳起鎮戰役大捷而書贈彭德懷的「誰敢橫刀立馬，唯我彭大將軍」的題詞和人物的豪邁氣度。中國當代著名美學家、雕塑家王朝聞先生觀看了程允賢一系列表現軍事歷史人物和革命先驅的雕塑，以一封長信表示讚揚，稱讚他「當西方現代派的狂潮洶洶時，仍堅持以嚴肅而非屬愚昧的態

▲ 圖2-57　程允賢《毛澤東、周恩來、朱德》

度對待意義重大的題材，實不愧中國藝術家的楷模」。是的，當
一些所謂藝術家在金錢拜物教面前頂禮膜拜時，程允賢對祖國和
人民奉獻的是一腔忠誠，把完美地表現和弘揚民族精神始終作為
自己孜孜以求的目標。

　　程允賢自幼學書，師從四川著名書法家何魯先生，從漢《曹
全碑》入手。長期研習唐孫過庭《書譜》和《懷素自敘》帖，兼
及《石門銘》等碑。善行草，章法多變而嚴謹，揮灑自如不失法
度，形成凝重與飄逸、厚拙與雅致相結合的獨特風格。在國內一
些名勝紀念地和博物館以及日、美、新、馬、泰均有其墨蹟，為
許多機構和個人收藏。

程允賢出版的專著主要如下：《程允賢肖像雕塑選集》（1991中國華僑出版公司）、《孺子牛——程允賢雕塑作品選》（1989，人民美術出版社新美術畫庫）、《程允賢肖像雕塑選》（1995，香港亞洲藝術出版社）、《美國的城市雕塑》（1984，嶺南美術出版社）、《程允賢雕塑藝術》（2001，人民出版社）、《程允賢書法藝術》（2003，人民美術出版社）、《程允賢鋼筆畫選》（1993，臺灣東方藝苑）、主編《中國當代美術全集》雕塑卷（浙江人民美術出版社）。

第四節 ▶ 珠山八友

一、珠山八友及其藝術

珠山位於江西景德鎮老城區中心，唐朝前稱為立馬山。到了唐代，由於立馬山形似龍珠，人們在立馬山上建造了聚珠亭，於是立馬山改成珠山。因此珠山就是景德鎮的別名和象徵。

珠山八友作品都常用「珠山官舍」「珠山環翠亭」「珠山客次」「旅次珠山」「軍次珠山」題款，乃取珠山為景德鎮別稱之意。而珠山八友意思就是景德鎮的八位交往唱和的陶瓷藝人之意。時至今日，許多陶瓷藝人依舊以「珠山」作為題記落款之雅習。珠山八友結社，乃源於景德鎮瓷業呈現衰頹現象。

一九二八年，原瓷業美術研究社副社長王琦，聯合研究社骨幹王大凡、汪野亭、何許人、鄧碧珊、畢伯濤、徐仲南、程意亭、劉雨岑等彩瓷名家，相約雅集，品茗論畫，相互觀摩。每月

農曆十五集合一次，定名為「月圓會」，意為「花好、月圓、人壽」。由於時間和人員固定，無形中就形成了結社的形式，八位畫師也就被稱為珠山八友或八大名家。珠山八友是個約定俗成的叫法，月圓社也不是一直有活動，人員也不是固定的八位，事實上，珠山八友是個比較鬆散的藝術團體，並無嚴密的組織章程。以王琦為首的月圓社，以新粉彩的形式將文人瓷畫推到了一個較高的水準，成為中國第一個陶瓷藝術流派。

珠山八友有人定為八位，有的則超過八位，本文依照慣例，取十人為珠山八友成員並在下文依次介紹。

據大家公認，珠山八友大約為以下十人：王琦、徐仲南、鄧碧珊、何許人、汪野亭、畢伯濤、王大凡、田鶴仙、程意亭、劉雨岑。

王琦（1884-1973），號碧珍，別號陶迷道人，室名陶陶齋。江西新建人。十七歲到景德鎮，初以捏麵人為生，後改習瓷畫，並以錢慧安仕女畫為藍本，風格為之一變，以寫意人物與草書長題別樹一幟。一九二二年與同好創建陶瓷美術研究社，任社長。一九二八年又與一些相知瓷畫家組建月圓社，為珠山八友發起人之一。王琦畫面簡潔，主題突出鮮明，配景甚少，大有前輩文人畫派之遺風。[8]作品如粉彩瓷板《鍾馗》（圖 2-58）。

徐仲南（1892-1952），江西南昌人。別名陔、竹里老人等，

---

8 張海國、熊廖：《珠山八友及其傳人》，上海大學出版社 2008 年版，第27 頁。

齋名樓碧山館，珠山八友之一。少時在南昌瓷店學彩繪。一九一八年受聘於江西瓷業公司，至景德鎮管理瓷業美術工作，後結識王琦等人。擅長畫粉彩松竹、山水。他所繪的松竹挺拔、瀟灑，又顯得清新、秀麗，充滿著生機。[9]作品如粉彩瓷瓶《竹林》（圖2-59）。

▲ 圖 2-58　王琦鍾馗圖

▲ 圖 2-59　徐仲南《竹林》

---

9 張海國、熊廖：《珠山八友及其傳人》，上海大學出版社 2008 年版，第80頁。

鄧碧珊（1874-1930），江西餘干人，別名辟寰、鐵肩子、小溪釣徒，清末秀才。他從小生活在鄱陽湖邊，父親見他聰明好學，就把他送到學堂念書學畫。一九一一年，鄧碧珊至鄱陽陶業學堂任教，並開始陶瓷繪畫。一九一三年，鄧碧珊來到景德鎮，開始以字畫為業。他擅長粉彩魚藻圖，其技法頗受日本繪畫的影響。他在書法方面修養也精深，到景德鎮後，甚受景德鎮瓷繪藝人的尊重。王琦也曾帶弟子向鄧碧珊學過書法。據說，他在景德鎮是最早使用九宮格畫瓷畫的人。王琦早期繪瓷像的技法即由鄧

▲ 圖 2-60　鄧碧珊《魚趣》

碧珊傳授。他所作的魚藻圖形象生動、筆調細膩、情趣高雅。[10]作品如粉彩瓷板《魚趣》（圖2-60）。

何許人（1882-1940），安徽南陵人，別名德達、處，以陶淵明《五柳先生傳》中「先生不知何許人也」句，更名為何許人。他少年時至景德鎮學青花，後改學粉彩。民國初年，應詹元廣、詹元斌兄弟之聘，赴北京繪仿古瓷，得見故宮所藏歷代名畫及名瓷，技法大進。他又善微書，能於徑寸印盒上書《出師表》《赤壁賦》。後專攻粉彩雪景。中年後往來於景德鎮與九江間，並在九江開設瓷店，自畫自銷。他的傳世作品不多，雪景圖畫筆墨精湛，彌足珍貴。[11]作品如粉彩瓷板《踏雪訪友》（圖2-61）。

▲ 圖2-61　何許人《踏雪訪友》

---

10 張海國、熊廖：《珠山八友及其傳人》，上海大學出版社 2008 年版，第97頁。

11 張海國、熊廖：《珠山八友及其傳人》，上海大學出版社 2008 年版，第134頁。

畢伯濤（1888-1961），別名達、黃山樵子，祖籍安徽歙縣，寄居江西鄱陽，清末秀才。早年師從鄱陽湖畫家張雲山，後至景德鎮專攻粉彩陶瓷繪畫，擅長翎毛花卉，以用筆工細、設色雅靜著稱。[12]作品如粉彩瓷板《群鶴圖》（圖 2-62）。

　　王大凡（1888-1961），安徽人。齋名希平草廬。少年時至景德鎮學繪古彩人物，後專攻粉彩。早年拜王曉棠為師，其粉彩人物仕女畫受王曉棠影響較大，晚年時得上海畫家馬濤《畫中詩》冊，人物構造與造型遂受馬濤影響。王大凡畫風規矩嚴謹，主題與配景相輔相成。筆下人物秀潤、紋理清新、氣韻渾成。其獨創「落地彩」，即不用玻璃白打底，而直接將彩料平塗於瓷胎，再罩以雪白、水綠，後經低溫彩爐烤燒成品。[13]

　　汪野亭（1884-1942），江西樂平人。別名平、元鑒、平生、平山、老平、垂釣子、傳芳居士等，室名「平山草堂」。一九〇六年就讀於鄱陽江西省甲種工業窯業學校飾瓷科，先師從潘陶宇、張曉耕學繪花鳥，後改學山水。早期作品多受程門一派絳彩技法影響，後繪粉彩青綠山水。作品構圖簡約、畫面疏朗、佈局巧妙，是一位技藝高超的多產瓷畫家。[14]作品如粉彩瓷板《訪友

12 張海國、熊廖《珠山八友及其傳人》，上海大學出版社 2008 年版，第 124 頁。

13 張海國、熊廖《珠山八友及其傳人》，上海大學出版社 2008 年版，第 9 頁。

14 張海國、熊廖《珠山八友及其傳人》，上海大學出版社 2008 年版，第 49 頁。

▲ 圖 2-62　畢伯濤《群鶴圖》

▲ 圖 2-63　汪野亭《訪友歸來》

歸來》（圖 2-63）。

　　田鶴仙（1894-1952），浙江紹興人，別名青、梅華主人、荒園老梅等，齋名古石。「珠山八友」之一。少時寄居江西撫州岳父家。民國初曾任職於景德鎮稅務局，後任江西省瓷業公司夜校職員，後又改行學繪瓷。擅長畫粉彩折枝梅樹和梅花，枝幹虯曲蒼勁，梅花濃淡相生，一派盎然生機，配上題款後使作品更顯得詩情畫意。[15]田鶴仙沒有傳人。作品如粉彩瓷板《紅梅與白梅》（圖 2-64）。

---

15 張海國、熊廖：《珠山八友及其傳人》，上海大學出版社 2008 版，版，第 78 頁。

▲ 圖 2-64　田鶴仙《紅梅與白梅》　　　　▲ 圖 2-65　程意亭《荷塘清趣》

　　程意亭（1895-1948），江西樂平人。別名甫，蓻山樵子體
孚，齋名佩古。十六歲入鄱陽縣江西省甲種工業窯業學校飾瓷
科，師從名家潘陶宇，後至上海，拜海派名家程瑤笙為師學花
鳥。曾在九江「普芳居」瓷店繪瓷。一九二〇年至景德鎮開業。
一九四〇年前後，任浮梁陶瓷職業學校教員。擅長粉彩花鳥，尤
長於繪荷花。他一生勤奮耕耘在瓷壇藝苑，作品傳世仍較多，惜
英年早逝。[16]作品如粉彩瓷板《荷塘清趣》（圖 2-65）。

16 張海國、熊廖：《珠山八友及其傳人》，上海大學出版社 2008 年版，第
114 頁。

下篇・江西繪畫

劉雨岑（1904-1969），安徽太平人，寄居江西鄱陽。原名玉成，後改雨岑，又名雨城，別號澹湖漁、巧翁、竹人，室名飲冰齋（前期）、覺庵（後期）。十五歲時就讀於景德鎮鄰縣鄱陽的江西省甲種工業窰業學校飾瓷科，師從陶瓷名家潘陶宇。一九二二年至景德鎮畫彩瓷，擅長粉彩花

▲ 圖 2-66　劉雨岑《雞趣》

鳥，並創「水點桃花」技法。水點桃花是指在花頭上繪彩時，傳統的技法是以玻璃白打底，然後以紅料染出濃淡，而劉雨岑不用洗染法而用含料的水筆點出，使花頭更為活潑自然。「水點桃花」技法在粉彩工藝上產生了極大影響。晚年時，劉雨岑多見任伯年、新羅山人原作，技藝大進。他的作品筆墨纖細秀逸，格調清麗雅致，具有文人畫派的風貌。[17]作品如粉彩瓷杯《雞趣》（圖2-66）。

　　珠山八友的藝術傳承，應追溯到景德鎮晚清盛行的淺絳彩流派。

　　清末同治光緒時期，新安畫派中以程門、金品卿、王少維為

17 張海國、熊廖：《珠山八友及其傳人》，上海大學出版社 2008 年版，第33頁。

領軍人物的一批皖南畫家，衝破官窯的束縛，打破清規戒律，以瓷代紙，將文人畫入瓷。以「淺絳」技法繪畫於瓷上，開文人派彩瓷之先河。

淺絳彩是一種借鑒元代畫家黃公望繪山水的技法，以濃淡相間的水綠、草綠或淡藍等彩，用七百五十攝氏度左右的低溫燒成。淺絳彩畫面材料極薄，色調淡雅柔和，極具中國水墨畫效果。

自晚清淺絳彩瓷面世，繪瓷名師開始在瓷畫上寫上自己的姓名和雅號，題上詩詞和紀年，鈐留印章，以一個全新的彩瓷風貌，展現在世人面前，給景德鎮瓷壇帶來一股全新之風，開創了近代瓷畫藝術的新領域。淺絳彩瓷的題材、紋樣，除山水外，尚有人物、花鳥、禽獸之類。

淺絳彩瓷的作者，大都有著很高的文化素養和深厚的中國畫根底。其領軍人物又供職於御窯廠，熟悉釉彩工藝的性能，能將瓷藝和畫藝兩者得體地結合。致使淺絳彩瓷風靡一時，成就斐然。

淺絳彩瓷畫作品，可分為文人派淺絳彩瓷和匠人派淺絳彩瓷。**18**作品如：

程門《淺絳彩山水瓷板》（圖 2-67），金品卿《淺絳彩山水瓷板》（圖 2-68），王少維《淺絳彩山水瓷板》（圖 2-69）。

---

18 張海國、熊廖：《珠山八友及其傳人》，上海大學出版社 2008 年版，第13-14 頁。

▲ 圖 2-67　程門《淺絳彩山水瓷板》　　▲ 圖 2-68　金品卿《淺絳彩山水瓷板》

▲ 圖 2-69　王少維《淺絳彩山水瓷板》

二、珠山八友的傳人

主要介紹王琦、徐仲南、鄧碧珊、何許人、汪野亭、畢伯濤、程意亭、劉雨岑的傳人。

1. 王琦的傳人

王琦的傳人魏墉生（1910-1995），又名魏榮生，擅畫粉彩人物。其作品色彩明朗、雄健有力、簡繁得當。

2. 徐仲南的傳人

（1）徐天梅（1910-1994），江西南昌人。徐仲南之子。他對詩歌、金石、書畫深習細研。擅長粉彩走獸，兼長人物、山水、花鳥、蟲草。他的粉彩瓷繪作品用筆松秀靈動、設色潤澤雅麗、造型生動古拙。

（2）徐亞鳳，原籍江西南昌，一九四〇年出生於江西景德鎮。徐仲南的孫女。又是劉雨岑的學生。她注重汲取中國傳統畫之精粹，崇尚自然美，堅持野外寫生，並善於將中國畫的意境，用筆用墨之技巧，構圖佈局之手法，融入瓷畫創作之中，情趣恬美，創意清晰，既具傳統花鳥畫之長，又映出時代新意，具有較高的藝術品位。作品如粉彩圓盤《生意勃然》（圖 2-70）。

號為徐仲南的傳人的還有張松茂、張曉東、張曉傑、張慧。

3. 鄧碧珊的傳人

（1）張沛軒，江西餘干人。二十世紀二〇年代師從鄧碧珊學畫，擅長粉彩魚藻。他的作品細膩、靈動而飄逸。

（2）時幻影（1908-1968），安徽人。其有「魚癡」之稱。所畫之魚，無論紙畫、瓷畫，皆有清淡、高雅之風。

▲ 圖 2-70　徐亞鳳《生意勃然》

（3）鄧肖禹，鄧碧珊的孫子，原籍江西餘干，出生於景德鎮，別名雲耕，室名「為絢畫館」。

鄧肖禹擅長粉彩花鳥和魚藻，亦做紙畫，他崇敬高奇峰、張書旂之畫風，效法景德鎮花鳥瓷畫家程意亭的筆意和技巧，有嶺南畫派之精妙。

鄧碧珊的傳人據說還有鄧學賢、鄧愛英、江金承等。

4. 何許人的傳人

余文襄（1910-1993），原籍江西都昌，出生於景德鎮。得何許人秘傳雪景技藝。他的作品構圖嚴謹、佈局自然、主次分明、意境深遠、筆觸凝練、富有詩情畫意，被譽為「雪景大王」。

傳為何許人的傳人的還有余惠光、沈盛生、王琪、餘剛。

5. 汪野亭的傳人

汪小亭（1906-1970），江西樂平人。汪野亭長子。他的作品多繪山川秀色，重山疊翠，層次分明。近景用色青翠，遠景隱現雲中，填色渾厚，匠心獨運，既有傳統格調又有所創新。

汪野亭的傳人據說還有王少平、王桂英、鄒國鈞、汪平孫、袁世文、汪沁、汪雪媛、汪葆華、汪豔等。

6. 畢伯濤的傳人

畢淵明（1907-1991），安徽歙縣人。畢伯濤之子。岳父王大凡。畢淵明專攻粉彩走獸，並形成獨特風格。工金石、詩歌及書畫。尤善畫虎，素有「畢老虎」之譽。傳為畢伯濤的傳人的還有畢德芳、李景春等。

7. 程意亭的傳人

張景壽，一九二〇年出生於江西樂平。他擅長粉彩花鳥瓷畫，兼及中國畫及青花瓷繪。作品筆力老到、技藝精湛、工寫兼備、形神俱佳，善於準確捕捉表現物件的外在形態和內在意蘊，表情達意，意趣天成，品位高雅。

傳為程意亭的傳人的還有張為邦、江筱琴等。

8. 劉雨岑的傳人

劉平，劉雨岑之子。他擅長粉彩花鳥瓷畫，兼長山水，他的書法、篆刻和國畫，亦多有精妙之作。劉平的粉彩花鳥以「水點技法」別具風韻，深得其父畫風畫技真傳。

傳為劉雨岑的傳人的還有王恩懷、詹鐵成、辛夷等。

總之，在陶瓷藝術界，珠山八友及其傳人，為景德鎮的陶瓷

藝術的傳承、發展和創新，做出了自己的努力，同時他們也因此在陶瓷藝術史上留名，被人們津津稱道。

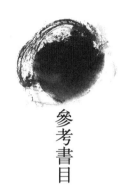

參考書目

一、史志、年譜、辭典

1. 元・脫脫等：《宋史》，中華書局 1985 年版。

2. 明・宋濂等：《元史》，中華書局 1976 年版。

3. 清・張廷玉等：《明史》，中華書局 1999 年版。

4. 清・謝旻：《江西通志》，文淵閣《四庫全書》本。

5. 宋・黃：《山谷年譜》，《四庫全書》本。

6. 許懷林：《江西通史・北宋卷》，江西人民出版社 2008 年版。

7. 李國強、傅伯言主編：《贛文化通志》，江西教育出版社 2004 年版。

8. 李寅生主編：《貴溪縣誌》，中國科學技術出版社 1996 年版。

9. 俞劍華：《中國美術家人名辭典》，上海人民美術出版社 1980 年版。

10. 梁披雲：《中國書法大辭典》，香港書譜出版社、廣東人

民出版社 1987 年版。

11. 王玉池：《中國書法篆刻鑒賞辭典》，農村讀物出版社 1989 年版。

12. 劉正成：《中國書法鑒賞大辭典》，中國人民大學出版社 2006 年版。

13. 陳伯海等：《中國文學大辭典》（分類修訂本），上海辭書出版社 2000 年版。

14. 陳榮華等：《江西歷代人物辭典》，江西人民出版社 1990 年版。

15. 成複旺：《中國美學範疇辭典》，中國人民大學出版社 1995 年版。

16. 錢仲聯等：《元明清詩鑒賞辭典》，上海辭書出版社 1994 年版。

17. 徐中玉：《古文鑒賞大辭典》，浙江教育出版社1989年版。

二、詩文集

1. 嚴可均：《全上古三代秦漢三國六朝文》，河北教育出版社 1997 年版。

2. 朱碧蓮選注：《杜牧選集》，上海古籍出版社 1995 年版。

3. 清·馮浩注，王步高、劉林輯校匯評：《李商隱全集》，珠海出版社 2002 年版。

4. 宋·歐陽永叔：《歐陽修全集》，中國書店 1986 年版。

5. 孔凡禮點校：《蘇軾文集》，中華書局 1982 年版。

6. 宋・黃庭堅：《山谷集》《山谷別集》《山谷外集》，文淵閣《四庫全書》本。

7. 宋・黃庭堅：《豫章先生文集》，文淵閣《四庫叢刊》本。

8. 劉尚榮校點：《黃庭堅詩集注》，中華書局 2003 年版。

9. 宋・朱熹：《晦庵集》，文淵閣《四庫全書》本。

10. 宋・朱熹：《朱子全書》，文淵閣《四庫全書》本。

11. 宋・黎靖德編、王星賢點校：《朱子語類》，中華書局 1999 年版。

12. 宋・周密：《癸辛雜識續集》，文淵閣《四庫全書》本。

13. 元・虞集：《道園學古錄》，文淵閣《四庫全書》本。

14. 元・劉詵：《桂隱文集》，文淵閣《四庫全書》本。

15. 元・歐陽玄：《圭齋文集》，文淵閣《四庫全書》本。

16. 元・李存：《俟庵集》，文淵閣《四庫全書》本。

17. 元・吳澄：《吳文正集》，文淵閣《四庫全書》本。

18. 明・宋濂：《文憲集》，文淵閣《四庫全書》本。

19. 明・楊士奇：《東里續集》，文淵閣《四庫全書》本。

20. 明・王世貞：《弇州四部稿》，文淵閣《四庫全書》本。

21. 明・李東陽：《懷麓堂集》，文淵閣《四庫全書》本。

22. 明・解縉：《文毅集》，文淵閣《四庫全書》本。

23. 明・楊士奇：《東里集》，文淵閣《四庫全書》本。

24. 明・王世貞：《弇州山人四部稿》，文淵閣《四庫全書》本。

25. 明・何喬新：《椒丘集》，文淵閣《四庫全書》本。

26. 明・羅玘：《圭峰集》，文淵閣《四庫全書》本。

27. 明·羅欽順：《整庵存稿》，文淵閣《四庫全書》本。

28. 明·李日華：《紫桃軒雜綴》，收於《四庫全書存目叢書》子部第 108 冊。

29. 明·吳寬：《家藏集》，文淵閣《四庫全書》本。

30. 明·王世貞：《弇州山人四部稿續稿》，文淵閣《四庫全書》本。

31. 清·朱彝尊：《曝書亭集》，文淵閣《四庫全書》本。

32. 清·戴震：《戴震全書》，黃山書社 1997 版。

三、書畫史論、圖集、雜誌

1. 宋·佚名、顧逸點校：《宣和書譜》，上海書畫出版社 1984 年版。

2. 宋·董史：《書錄》，文淵閣《四庫全書》本。

3. 明·陶宗儀：《書史會要》，上海書店 1984 年版。

4. 明·汪砢玉：《珊瑚網》，文淵閣《四庫全書》本。

5. 《御定佩文齋書畫譜》，文淵閣《四庫全書》本。

6. 清·倪濤：《六藝之一錄》，文淵閣《四庫全書》本。

7. 清·徐珂：《清稗類鈔》，中華書局 1986 年版。

8. 馬宗霍：《書林藻鑒》，文物出版社 1984 年版。

9. 徐邦達：《古書畫過眼要錄》，湖南美術出版社 1987 年版。

10. 楊仁愷主編：《中國書畫》，上海古籍出版社 2001 年版。

11. 楊震方：《碑帖敘錄》，上海古籍出版社 1982 年版。

12. 曹寶麟：《中國書法史·宋遼金卷》，江蘇教育出版社

1999 年版。

13. 黃惇：《中國書法史·元明卷》，江蘇教育出版社 2002 年版。

14. 孫洵：《民國書法史》，江蘇教育出版社 1998 年版。

15. 上海書畫出版社、華東師大古籍室編：《歷代書法論文選》，上海書畫出版社 1979 年版。

16. 王伯敏等編：《書學集成》，河北美術出版社 2002 年版。

17. 譚學念注評：《孫過庭書譜》，江蘇美術出版社 2008 年版。

18. 水采田譯注：《宋代書論》，湖南美術出版社 1999 年版。

19. 崔爾平：《明清書法論文選》，上海書店出版社 1995 年版。

20. 水賚佑：《黃庭堅書法史料集》，上海書畫出版社 1993 年版。

21. 王鎮遠：《中國書法理論史》，黃山書社 1990 年版。

22. 潘運告主編：《清人論畫》，湖南美術出版社 2005 年版。

23. 單國強：《古書畫史論集》，紫禁城出版社 2001 年版。

24. 黃君：《山谷書法鈎沉錄》，江西教育出版社 2005 年版。

25. 黃君主編：《黃庭堅研究論文集》第三冊，江西教育出版社 2005 年版。

26. 陳志平：《黃庭堅書學研究》，中華書局 2006 年版。

27. 文師華：《書法縱橫談》，中國社會出版社 2002 年版。

28. 上海古籍編寫組：《真宋本淳化閣帖》（卷四、卷六），上海古籍出版社 2009 年版。

29. 徐利明等：《中日高僧書法選》，江蘇美術出版社 1990 年版。

30.《正續三希堂法帖》第5冊，時代文藝出版社 2001 年版。

31.《八大山人畫集》，江西美術出版社 1992 年版。

32. 叢林編：《八大山人翰墨集》，知識出版社 1992 年版。

33. 王朝聞主編：《八大山人全集》，江西美術出版社 2003 年版。

34.《八大山人書畫冊》第一、第二集，西泠印社 1982 年版。

35.《八大山人詩鈔》，上海人民美術出版社 1981 年版。

36. 張海國、熊廖：《珠山八友及其傳人》，上海大學出版社 2008 年版。

37. 王朝賓主編：《民國書法》，河南美術出版社 1989 年版。

38. 林光旭等：《近現代名人尺牘選粹》，山東美術出版社 2008 年版。

39.《陶博吾書風》，重慶出版社 1999 年版。

40. 李衍能：《近水齋藏品鑒賞》，江西美術出版社 2010 年版。

41. 陳傳席、陶勇清主編：《歷代廬山書畫賞析》，江西美術出版社 2010 年版。

42. 陶勇清主編：《廬山歷代石刻》，江西美術出版社 2010 年版。

43. 中國楹聯學會編：《中國名人名聯墨寶大典》，山西人民出版社 2000 年版。

44. 中共崇義縣委宣傳部編：《平茶寮碑》（內部交流資料）。

45. 贛州市政協學習文史委員會編：《丹崖悠悠—贛州市通天岩摩崖石刻集錦》，中國文史出版社 2001 年版。

46. 《文物》，1960 年 7 期。

47. 八大山人紀念館編：《八大山人研究》（第一輯），江西人民出版社 1986 年版。

48. 八大山人紀念館編：《八大山人研究》（第二輯），江西人民出版社 1988 年版。

49. 《書法研究》，1986 年總第二十三輯。

50. 《南京藝術學院學報（美術與設計版）》，1986 年 1 期。

51. 《朵雲》第 15 期，上海書畫出版社 1987 年版。

52. 中國書法家協會主辦：《中國書法》1993 年第 4 期，1998 年 5 期，2000 年第 2、第 5 期，2010 年 5 月 26 日專刊。

53. 《美術之友》，2005 年 5 期。

54. 《收藏家》，2006 年第 5 期。

55. 《美術研究》，2009 年 1 期。

56. 《書法空間—明代書法》網。

57. 《中國書畫報》等書法藝術網站。

四、其他書目

1. 陳星主編：《江西通觀》，人民日報出版社 1987 年版。

2. 潘桂明：《中國禪宗思想歷程》，今日中國出版社 1992 年版。

3. 龔聯壽主編：《聯話叢編》，江西人民出版社 2000 年版。

4. 吳海、曾子魯主編：《江西文學史》，江西人民出版社2005年版。

5. 詹石窗：《道教與中國養生智慧》，東方出版社2007年版。

江西文庫 A0701B11

贛文化通典（書畫卷） 下冊

主　　編	鄭克強
版權策畫	李　鋒
責任編輯	楊家瑜

發 行 人	陳滿銘
總 經 理	梁錦興
總 編 輯	陳滿銘
副總編輯	張晏瑞
編 輯 所	萬卷樓圖書股份有限公司
排　　版	菩薩蠻數位文化有限公司
印　　刷	維中科技有限公司
封面設計	菩薩蠻數位文化有限公司

出　　版　昌明文化有限公司

桃園市龜山區中原街 32 號

電話 (02)23216565

發　　行　萬卷樓圖書股份有限公司

臺北市羅斯福路二段 41 號 6 樓之 3

電話 (02)23216565

傳真 (02)23218698

電郵 SERVICE@WANJUAN.COM.TW

大陸經銷　廈門外圖臺灣書店有限公司

　　電郵 JKB188@188.COM

ISBN 978-986-496-224-2

2018 年 1 月初版

定價：新臺幣 360 元

如何購買本書：

1. 轉帳購書，請透過以下帳戶

　合作金庫銀行 古亭分行

　　戶名：萬卷樓圖書股份有限公司

　　帳號：0877717092596

2. 網路購書，請透過萬卷樓網站

　　網址 WWW.WANJUAN.COM.TW

大量購書，請直接聯繫我們，將有專人為您

服務。客服：(02)23216565 分機 610

如有缺頁、破損或裝訂錯誤，請寄回更換

版權所有·翻印必究

Copyright©2016 by WanJuanLou Books CO., Ltd.

All Right Reserved　　　　Printed in Taiwan

國家圖書館出版品預行編目資料

贛文化通典. 書畫卷 / 鄭克強主編.-- 初版.
-- 桃園市：昌明文化出版；臺北市：萬卷
樓發行, 2018.01
　冊；　公分
ISBN 978-986-496-224-2(下冊：平裝)
1.書畫史　2.江西省
672.408　　　　　　　　　107002005

本著作物經廈門墨客知識產權代理有限公司代理，由江西人民出版社授權萬卷樓圖書
股份有限公司出版、發行中文繁體字版版權。
本書為臺灣師範大學國文學系產學合作成果。　　　校對：林紅均